SILVONEI JOSÉ PROTZ

O MONGE QUE VIROU CARDEAL

Uma conversa com Dom Orani João Tempesta

Canção Nova
EDITORA

EDITORA
SANTUÁRIO

DIREÇÃO EDITORIAL:
Pe. Fábio Evaristo R. Silva, C.Ss.R.

CONSELHO EDITORIAL:
Ferdinando Mancilio, C.Ss.R.
José Wilson Inácio Soares Junior, C.Ss.R.
Mauro Vilela, C.Ss.R.
Marcelo da Rosa Magalhães, C.Ss.R.
Victor Hugo Lapenta, C.Ss.R.

COORDENAÇÃO EDITORIAL:
Ana Lúcia de Castro Leite

COPIDESQUE:
Luana Galvão

REVISÃO:
Bruna Vieira da Silva

DIAGRAMAÇÃO:
Bruno Olivoto

CAPA:
Rafael Domiciano

Dados Internacionais de Catalogação na Publicação (CIP) de acordo com ISBD

P967m Protz, Silvonei José

O monge que virou cardeal: uma conversa com Dom Orani João Tempesta / Silvonei José Protz, Wagner Augusto Portugal. - Aparecida, SP : Editora Santuário, 2019.
196 p. ; 14cm x 21cm.

ISBN: 978-85-369-0581-5

1. Cristianismo. 2. Dom Orani João Tempesta. I. Portugal, Wagner Augusto. 3. Cardeal. II. Título.

2019-222 CDD 240
CDU 24

Elaborado por Vagner Rodolfo da Silva - CRB-8/9410

Índice para catálogo sistemático:
1. Cristianismo 240
2. Cristianismo 24

1ª impressão

Rua Padre Claro Monteiro, 342 — 12570-000 — Aparecida-SP
Tel.: 12 3104-2000 — Televendas: 0800 16 00 04
www.editorasantuario.com.br
vendas@editorasantuario.com.br

Canção Nova EDITORA
Rua João Paulo II, s/n - Alto da Bela Vista
Cachoeira Paulista-SP - Cep: 12630-000
Tel.: [55] (12) 3186-2600
E-mail: editora@cancaonova.com | loja.cancaonova.com
Twitter: @editoracn | Instagram: @editoracancaonova | Facebook:@editoracancaonova

INTRODUÇÃO

Há pessoas que entram em nossa vida e deixam marcas indeléveis. Poderíamos elencar vários motivos que nos levam a apreciar essa pessoa: seu modo de se apresentar, sua inteligência, sua capacidade de interagir, sua beleza e também sua simplicidade. Mas, certamente, um dos motivos que faz com que nos sintonizemos com essa pessoa é que ela nos diz algo que sacode a poeira de nossa existência.

Conheço Dom Orani há muito tempo, mas sempre foi um conhecer de pastor, que responde a minhas perguntas, a minhas indagações de jornalista. Ocorrendo algo em nossa Igreja, em nosso Brasil, em nossa cidade do Rio de Janeiro, lá está nosso cardeal, pronto, com uma resposta sapiencial.

Deixei o Vaticano, onde trabalho, e, depois de mais de 11 horas de voo, cheguei ao Rio de Janeiro a fim de me encontrar com Dom Orani para uma conversa a 360 graus. Foram três momentos diferentes no Palácio São Joaquim.

Conversar com Dom Orani é como conversar com um velho amigo, que tem conservado no coração experiências de vida únicas, experiências e atitudes que mudaram comportamentos e vidas de pessoas que tiveram o privilégio de cruzar com ele no caminho de sua existência.

Falo isso porque sei e tive a constatação de muitas pessoas que, com uma simples conversa, deram um novo rumo a sua vida. Falo delas como falo de minha pessoa. Dom Orani é daquelas pessoas que, quando nos dirige seu olhar, deixa-nos inquietos, provoca em nós reações por sua simplicidade e ternura.

Este livro nada mais é do que uma simples tentativa de fazer conhecer esse homem que hoje é pastor da Igreja católica do Rio de Janeiro, um pastor com "cheiro de ovelhas", mas também com "cheiro de praia", "cheiro de comunidades carentes", "cheiro de pai bom". Disse tentativa, pois seria muito pretencioso exaurir, em uma conversa, assuntos que dizem respeito a uma vida inteira e que ainda se desenvolvem na vida cotidiana.

Pessoas passam em nossa vida e vão embora. Outras passam e ficam um pouco mais e, com o tempo, também vão embora. Mas há pessoas que entram em nossa vida e jamais passam, porque ainda fazem parte dela e se misturam a nossas experiências cotidianas. Dom Orani, conversando com ele, dá-nos exatamente esta dimensão: uma conversa que não tem fim, pois muito ainda há de ser dito.

O cardeal Dom Orani é conhecido por sua fé, proximidade do povo, disposição para o trabalho, capacidade de organização, objetividade e simplicidade. Nesta conversa, nós o vimos muito à vontade, pois falou de sua vocação, de seu trabalho de pastor, em que pudemos entrever um repetido "sim" ao chamado de Deus.

Em tom coloquial, a conversa nos mostra Dom Orani sempre impulsionado pela fé. Foi o acolhimento à revelação e ao chamado de Deus que o moveu a pautar sua vida pela obediência, deslocando-se física e espiritualmente por onde e para onde o Senhor lhe indicasse.

E quantos deslocamentos! Monge, diácono, presbítero, bispo, arcebispo, cardeal; São José do Rio Pardo, São José do Rio Preto, Belém do Pará, Rio de Janeiro; mosteiro, paróquia; zona rural, cidade grande, palafita, canoa, favela; comunidade de jovens, coordenação de pastoral, comunicação; Círio de Nazaré, Jornada Mundial da Juventude...

Lendo essas páginas e descobrindo a história desse "homem de Deus" e "homem do povo", vocês poderão perceber que sua vida é extraordinariamente simples e rica. Conhecer o "monge", que virou cardeal, e a graça de Deus na vida de um homem que somente quis servir seu Senhor nos dá a certeza do amor de Deus por nós. Essa conversa com Dom Orani encheu-me de entusiasmo e otimismo, pois é palpável o desígnio de Deus, que torna grande os pequenos e enche de esperança aqueles que têm fé.

Este livro tem três partes, "O Homem", "A Missão", "O Pensamento". Espero que nossa conversa com Dom Orani seja para você uma leitura edificante e muito prazerosa.

Silvonei José Protz

Primeira Parte

O HOMEM

Primeira Parte

Dom Orani, primeiramente obrigado pela conversa que vamos ter, pela disponibilidade, pelo tempo que está dedicando a mim. Nossa intenção é conhecer o senhor, seu pensamento e trazer esse pensamento para as pessoas. Minha primeira pergunta é muito pessoal: quem é Orani João Tempesta?

Nós vamos nos fazendo aos poucos, em tantas coisas. Evidentemente, aquilo que sou hoje depende de toda uma história que eu vivi e fui levando adiante em minha caminhada, em minha formação. Mas... sou uma pessoa que nasceu em 23 de junho de 1949, em São José do Rio Pardo, interior do Estado de São Paulo, em uma região que tem o predomínio da tradição italiana – meu pai é um cidadão italiano que veio para o Brasil. Ao mesmo tempo, é um lugar bastante pacato, uma cidade pequena, de tradição cultural muito considerada, com relação, por exemplo, ao escritor Euclides da Cunha, que escreveu ali o famoso livro *Os Sertões*. Ali eu incorporei, justamente, um pouco dessa cultura, estudei sempre em escola pública, também aprendi toda a questão da vida religiosa, da vida de Igreja e fiz o catecismo na igreja matriz, que era a única na época...

O senhor se recorda da primeira catequista?

Sim, foi Dona Zumir minha primeira catequista. Eu saía da escola, ia para a igreja e lá fazia a catequese para a primeira comunhão. Depois, toda a continuação, com relação à catequese, fiz com as irmãs alemãs do Instituto Beatíssima Virgem Maria, cujo nome, hoje, é Congregação de Jesus. Naquela época, década de 50, as irmãs usavam filmes, filme italiano, para catequizar; não tinham aparato. Usavam também quadros: conforme o tema do dia, traziam quadros, a fim de orientar, e davam, a cada dia, inclusive, um santinho com o tema tratado, com o tema da celebração da missa e um "comparecimento", que, no fim do ano, dava direito às crianças de ganhar uns presentes. Isso na década de 50. Quando se pensa em comunicação e em toda a pedagogia de hoje... naquela época as irmãs já faziam um pouco esse trabalho. E foi ali, justamente, em uma sala de catequese – era uma capela; hoje é uma matriz santuário – que o padre pediu que a irmã indicasse quem poderia ser coroinha. Indicaram-me... No começo eu não queria muito, achava que não era para mim, mas acabaram me empurrando, e fui ser coroinha. Então eu andava com o padre: na época era o padre Mário, agora já falecido, que fazia uma educação peripatética; andava com nós, os coroinhas, para lá e para cá, ensinando-nos a responder em latim; a missa, naquela época, era em latim. Pois bem, eu nasci e cresci nesse ambiente; ia da casa à escola e, depois, à igreja aos domingos. Grande parte da família já não morava mais no interior. Parte de minhas irmãs já tinha ido para São Paulo.

Quantos irmãos?

Éramos oito.

Como era sua família?

Na verdade, como sou o filho mais novo, acabei não conhecendo meus avós paternos. Conheci apenas minha avó materna, porque, quando eu nasci, minha mãe tinha mais de quarenta anos, já estava com uma certa idade, e meus avós já haviam morrido. Em casa, tínhamos uma vida bastante simples. Meu pai trabalhava em uma companhia chamada "Melhoramentos Rio-Pardense"; uma vez fui ao trabalho com ele. Tínhamos uma chácara razoável para a época, onde se plantava tudo. Tínhamos muitas frutas etc.

E ele se chamava Achilles?

Achilles.

E sua mãe como se chamava?

Maria. Eu morava com minhas irmãs e meu irmão. Minhas irmãs mais velhas já não estavam em casa, quando comecei a ter consciência da família. Tenho uma meia-irmã, fruto do primeiro casamento de meu pai, que era viúvo, quando se casou com minha mãe. Ela, cuja família é bem italiana, ainda mora em uma região da cidade, onde se formou uma vila, e casou-se também com um homem de origem italiana; sempre nos fazia visitas.

Até hoje, estão lá todos os filhos. Cada filho se casou, tem sua casa e mora ali na mesma região de Paula Lima, na mesma vila italiana; uma coisa bastante italiana. Cresci nesse clima.

Mais tarde, quando chegou minha juventude, meu pai me pôs a trabalhar em uma empresa da cidade (Casa Braghetta), que tinha três departamentos: de ferragens, de louças e cristais e outro de veículos. Eu trabalhava com veículos da Willys. Ali trabalhei no escritório, até ir para o mosteiro. Nessa época, passei a estudar à noite, pois trabalhava durante o dia. Existia, então, no Brasil, a carteira para menor de idade: trabalhei como menor, tinha minha carteira.

Então, esse era o adolescente Orani?

Era.

E como era o adolescente Orani?

Como disse, eu trabalhava, trabalhava o dia inteiro na empresa. Havia a escola à noite. No fim de semana, ia à igreja e ao cinema da cidade. Participava também de conjuntos e saía com os amigos da Igreja, os coroinhas etc. Na época, aprendi datilografia no colégio das irmãs. Foi ali, justamente, onde eu aprendia datilografia (porque é perto de onde eu nasci, de minha casa), que, na época de coroinha, os padres me perguntaram se não queria ser padre. Eu não tinha pensado em nada ainda, mas, aos poucos, fui amadurecendo. Quando chegou a época de fazer o Colégio Científico (hoje, Ensino Médio), comecei a me decidir e pensei: "Bem, estou no primeiro Científico, classe de exatas; o que é que eu vou fazer depois do Científico?" Comecei a pensar na vida sacerdotal.

Disso nós vamos falar daqui a pouco, desse pensamento. Por ora, queremos saber como era o menino Orani. O senhor tinha um nome dentro de casa ou o chamavam somente de Orani?

Orani mesmo.

Nunca teve um apelido?

Não me lembro de ter tido apelido, não. Sempre foi Orani mesmo.

Era peralta?

Acho que não era muito, não. Pelo menos, não me recordo, mas apanhava de vez em quando, quando chegava a casa fora de hora. Era por isso. Certa vez, quis ir à matinê e não me deixaram. A mãe ficava brava. Havia também o campo de futebol, um campinho, onde se jogava bola perto de casa. Ali eu me encontrava com os amigos da vizinhança. Não havia nada de especial, porque a escola tomava toda a parte da manhã e depois ainda voltava à tarde. Havia ainda todos os trabalhos, chamados trabalhos de casa, para fazer. Havia também os amigos que brincavam na rua. Existiam umas grandes chácaras perto de casa, com muito espaço para correr, muito para fazer e acontecer. De vez em quando, vinham os primos, que também moravam na mesma cidade, e brincávamos um pouco mais no fim de semana.

E a convivência do senhor com Ondina e Paula como era? Acho que eram suas irmãs...

Na verdade, em casa, quando eu estava e já tinha consciência, éramos eu, Levi e Elza, que já faleceu. Ondina já morava em São Paulo, e Paula já tinha se casado. Paula se casou quando eu era ainda bem criança. Havia a irmã que é minha madrinha de Batismo, que já se casara. Tenho uma sobrinha, da mesma idade que eu, filha dela. Assim, o fato de ser o último de oito irmãos fez com que eu tenha vivido coisas diferentes.

Voltando à questão do esporte em sua vida. Campinho de futebol acho que todo mundo frequentou um dia. E pelo esporte o senhor nunca teve algum interesse maior?

Não. Brincava de futebol ali no campo. Naquela época, ia assistir a jogos, havia dois estádios ali perto, o Rio Pardo Futebol Clube e o Rio-Pardense. Havia sempre jogos ali. Assistia aos jogos. Na época da escola, o esporte era o futebol. Depois, em meu noviciado, era mais basquete, coisa assim... e foi só nesse âmbito, não mais que isso.

O senhor teve algum time que seguia, um time de futebol?

Pelo qual "torcia"?

Sim.

Sim, claro. Havia o Santos, é claro. Na época, começou a existir a televisão, e apareceram os televizinhos *(risos)*. Então, um da região tinha televisão. Eu me lembro até hoje de quando o Santos disputou com o Milan, e, na época, ganhou o campeonato mundial. Fomos assistir na casa do vizinho; torcemos muito. Desde o começo, minha torcida sempre foi para o Santos, era o time em voga naquela época, com o Pelé e todos os outros jogadores etc. Era uma coisa muito natural que os jovens, os meninos de minha época, torcessem para o Santos.

Santista até hoje?

Sim, o futebol me interessa ainda um pouco. Não tenho mais o mesmo entusiasmo de então, que me deixe preocupado. Às vezes, chega uma notícia; se vejo que chegou à final, eu me interesso, mas não tenho mais a preocupação de seguir com tanto interesse *(risos)*.

E no Rio, segue alguém? Um time particular?

Não tenho, não, mas na época eu me lembro de que tinha feito uma opção pelos alvinegros: o Rio Pardo Futebol Clube; o Santos; então, pela lógica, o time alvinegro é o Botafogo. Depois acabei entrando em uma Ordem alvinegra também, os Cistercenses *(risos)*.

Bem, Dom Orani, acho que devemos falar um pouco de sua convivência com seus pais. Que família era a sua?

Creio que éramos uma família bem típica, uma família italiana. Minha mãe é descendente de portugueses e de índios, pois seus pais eram portugueses e sua mãe era também indígena. Então tenho uma mistura: italiano, português e indígena. Mas minha mãe se adaptou bem ao tipo italiano de ser. Ela tinha sempre trabalho em casa, fazia comida para fora também. Gostava de fazer comida a mais; fazia muito pão de casa, muito doce. Como tínhamos uma chácara, onde havia muita goiaba, ela fazia doce de goiaba e fazia questão de, como senhora, prover a casa com muita coisa própria do lugar. A comida de nossa região, no fim de semana, sempre era macarrão com frango, bem própria da cultura que existia. Meu pai trabalhava fora, chegava para o almoço e para jantar. Era um grande devoto de Nossa Senhora Aparecida. Depois que se aposentou, sempre, às três da tarde – era fã do padre Vítor Coelho de Almeida –, escutava a consagração, na Rádio Aparecida: sabia de cor;

até dava a bênção de cor também, até o fim da vida. Eu me lembro de que a única vez, que ele comprava e soltava foguete, em casa, era no dia de Nossa Senhora Aparecida. Fazia parte um pouco de sua tradição católica. Ia às procissões, não ia tanto à missa (não era muito tradição na época); ia muito às procissões, para participar etc., e tinha esse catolicismo bastante tradicional.

Orani foi um menino feliz?

Fui sim. Muito alegre. O fato de morar com uma irmã, um irmão, com os pais... Sempre saíamos para fazer visitas e recebíamos também muitas visitas em família. Tanto na escola, como em casa, na igreja, eu tinha muitas alegrias.

Do pré até a 4ª série, como se dizia naquele tempo, o senhor estudou em qual escola?

Fiz do 1° ao 4° ano no Grupo Escolar Tarquínio Cobra Olyntho, escola que ainda existe lá na cidade (hoje Escola Estadual Tarquínio Cobra Olyntho). Depois, no 4° ano de "grupo", como então se dizia, fiz, ao mesmo tempo, o chamado Curso de Admissão para o Ginásio (hoje de 5º a 9º ano do Ensino Fundamental): naquele tempo, tinha-se de fazer um curso de admissão. Fiz, concomitantemente, o 4° ano da escola e o curso de admissão; estudava de manhã no grupo e à tarde ia para o curso de admissão, para poder ser admitido no ginásio, lá no Instituto Estadual de Educação Euclides da Cunha, hoje Escola Estadual Euclides da Cunha. Ia e voltava a pé; era bastante longe. Lá eu fiz os quatro anos de ginásio e depois também os três anos do Científico, hoje Ensino Médio. Foi no fim do terceiro ano científico que decidi entrar para o mosteiro. Todavia, quando cursava o 1º ano já tinha essa intenção. Daí para frente, fui fazer o noviciado, depois a filosofia e a teologia.

Era estudioso ou era meio matão? Como era o Orani estudante?

Não era muito ruim. Tinha altos e baixos. Mas eu não costumava matar aula; costumava ir às aulas e participava. Normalmente, não tinha grandes questões. Não me lembro de ter matado aula.

Alguma matéria específica de que o senhor gostava particularmente, matemática, português...?

Creio que uma das matérias que me marcou muito durante o ginásio foi história *(risos)*. Por que está rindo?

Até hoje o senhor assina uma revista famosa de história e se interessa pelo tema. Por que história?

O professor era um carioca, por sinal, professor Vinícius. Era muito bom para dar aula; costumava ser muito vivo nas aulas de história e aquilo fazia com que nós jovens gostássemos muito da matéria dele. E eu gostava muito, porque, junto com a história – isso eu vejo hoje –, também me ensinava um pouco de filosofia. Havia umas coisas que eu ia guardando. Uma das coisas que ele dizia e que me marcou bastante era: "Temos de ter uma vida de tal maneira que respeitemos os outros. Eu posso não concordar em nada com o que você fala, mas você tem o direito de falar até o fim o que você pensa". Até hoje eu me lembro dessa sua frase, até de seu sotaque.

Não só se lembra, mas faz a mesma coisa, não é? (risos). O senhor tem a grande qualidade de deixar as pessoas falarem. Tem também o hábito de escrever o que o interlocutor vai falando, pequenos pontos... Em cada missa sua há várias homilias: logo após a saudação, o senhor sempre faz questão de falar do momento histórico que se vive. Uma de suas preocupações, Dom Orani, é sempre colocar, em sua vida de padre e de bispo, de servidor, a questão de ser fiel à tradição em que fomos batizados! Então, como foi, nesse sentido, sua catequese? Quando foi a primeira comunhão, a crisma?

A crisma: fui crismado com quatro anos, por isso não me lembro de quase nada. Naquela época...

Foi Dom Davi Picão que o crismou?

Foi Dom Luis do Amaral Mousinho.

Então ainda nem existia a diocese de São João da Boa Vista?

Não. Era a diocese de Ribeirão Preto. Dom Luís me crismou durante uma visita pastoral que fez a São José do Rio Pardo. Eu me lembro vagamente de que nós fizemos uma fila enorme, na matriz antiga ainda, não a atual. Lembro-me de que nós ficamos em uma fila, e o bispo passou crismando.

Quem foi seu padrinho?

Foi exatamente meu cunhado, que já faleceu.

E o nome dele?

Deuselindo.

E os de batismo, quem são?

De batismo foram a minha irmã e o marido dela.

Qual das irmãs?

A Cida e o Cido.

O senhor teve padrinho de consagração a Nossa Senhora Aparecida? Seu pai era tão devoto...

Não, na época, em meu batismo e na crisma, acho que não havia muito disso não. Na crisma, era uma multidão de pessoas; eu tinha quatro anos, lembro muito pouco. A multidão de gente fazia aquela fila enorme, e o bispo passava crismando-a. Por isso, era só o padrinho e nós, e olhe lá. Quando fui entrar para o mosteiro, tive de buscar pelos registros de crisma; eu tinha quatro anos; não me lembro de muita coisa. Na época, não houve catequese nenhuma para a crisma, imagino eu; mas houve catequese para a primeira comunhão... Um dia, passou pela escola a catequista, convidando as pessoas, os jovens, as crianças para a primeira comunhão. Foi lá, fez a matrícula e disse o horário. Fiz todo o tempo de preparação na matriz de São José e, depois da primeira comunhão, como já disse, fui fazer a "perseverança", embora já tivesse sido crismado. Ainda existia isso, e era uma coisa interessante. Hoje você faz "perseverança" para ser crismado. Na época, havia para quem já estava crismado. Fiz com as irmãs do Colégio Santa Maria, que tinham uma pedagogia muito boa para trabalhar com a juventude.

Seu relacionamento com sua mãe: creio que os filhos ficam mais tempo com a mãe; portanto, até a fé parece que vem das palavras da mãe, desde o início. Como era esse relacionamento?

Minha mãe tinha uma presença muito grande na família. E ela nos envolvia também no trabalho. Então, muita coisa, que havia para fazer, eu aprendi com ela; aprendi até a cozinhar. O que já não sei mais...

Não era, do tipo que acha que homem não pode entrar na cozinha? (risos)

Aprendi a fazer muitas coisas. Os doces que ela fazia, sempre havia alguém para ajudá-la a fazê-los. Então, nesse aspecto, ela nos envolvia; envolvia-nos com a questão do trabalho, da limpeza da casa, no cuidado com os filhos etc. Não tinha empregada, evidentemente; nós fazíamos tudo e ajudávamos. Ao mesmo tempo, havia sempre aquela questão de poder, às vezes não havia muito tempo, sentar e conversar; havia noites em que se sentava para conversar. Na época, não existia televisão; isso é uma coisa interessante. Você sentava em torno à mesa e tanto a família como também os vizinhos, os tios, as tias vinham para conversar. Contavam histórias etc. Inclusive, havia uma tia portuguesa, que já faleceu, que uma vez falou sobre as bruxas que existiam em Portugal. Eu, como adolescente, disse: "Mas que bobagem, tia, falar dessas coisas assim". "Ah! – Respondeu ela – Você não brinca não, que elas atravessam o mar e vêm de noite o pegar *(risos)*". Essas eram coisas de família! Então, havia sempre essas noites para um tempo maior de conversa. Hoje, não temos tempo, por causa da televisão, que toma conta do espaço.

E rezavam o terço à noite em sua casa?

Sim, sempre houve terço...

Ladainha?

Terço, tanto na casa como na igreja. Meu pai, como eu disse, tinha toda aquela tradição de consagração a Nossa Senhora; rezava em voz alta o tempo todo, decorava e estava sempre ali também. Agora, uma coisa interessante de meu pai, que minha mãe me contava – eu nunca ouvi –: ele, de manhã, na hora em que acordava e na hora em que ia dormir à noite, rezava em italiano. Ele veio para cá com cinco anos, portanto não tinha muita coisa de italiano, não é?

De que parte da Itália?

De Rieti, entre Rieti e L'Aquila, Villa Grotti. Então, ele rezava em italiano. Vê-se que ele veio de uma família, que o ensinou a rezar desde criança, e ele conservou a oração em italiano até o fim da vida. Nunca nos ensinou a rezar em italiano, nunca rezou em italiano conosco, mas ele, pessoalmente, rezava em italiano.

Uma pergunta agora bem pessoal: o senhor teve alguma namorada?

De ficar, assim, namorando, não. Na época de adolescente, havia o chamado jardim da praça da cidade, onde existiam aquelas paqueras. Ficava ali, conversava com uma, com outra; mas permanecer com alguém, não.

O que mudou das paqueras de seu tempo para as paqueras dos dias de hoje?

Ah! Muita coisa. Mudou muito, não é? Porque, na época, até me recordo, lá no jardim, os meninos faziam um caminho, e as meninas, outro. Ia um na contramão do outro, na praça da matriz. Depois conversavam ali, conversavam acolá etc., mas, como eu já tinha decidido, no primeiro ano de Científico, que ia ser monge, padre, já comecei a ter a mesma atitude de quem não vai namorar, não vai casar. Já não podia enganar ninguém nesse sentido. Nessa época, meus amigos começaram a arrumar suas namoradas também.

Sem dúvida, naquela época, pensando no hoje, era outro mundo, outra sociedade. Uma sociedade em que as pessoas tinham um estilo e demoravam para chegar perto, para poder conversar, para poder dar os primeiros passos etc. Não era assim como hoje, quando existe uma certa libertinagem. São os tempos que mudaram bastante, principalmente na questão de namoro.

Nesse período de sua vida, existiu alguma coisa que o marcou, que ficou guardada em sua memória, de maneira negativa ou positiva?

Eu me lembro de que, na época, houve um colega de escola, chamado Ronaldo Astolpho, que morreu, se não me engano, afogado. No dia de seu enterro – ele era um vizinho paroquiano –, eu tive de trabalhar. Meu trabalho era bem em frente à igreja. Eu estava trabalhando, quando veio o enterro para a Igreja, e vi grande parte de meus colegas ali, acompanhando. Saí para ver o enterro, mas não estava junto com eles. Lembro que isso me marcou negativamente: eu não podia estar ali com eles, porque estava trabalhando, tinha de ficar trabalhando. Não sei se pedi para sair e não me deram licença; não recordo. Mas é uma lembrança que eu tenho de um colega que morreu na época de escola, cujo enterro eu vi de longe.

Esse seu relacionamento com o mundo do trabalho, desde jovem, desde criança, como foi? Como é que o senhor enfrentava isso? Era simplesmente o fato de fazer um trabalho ou pensava em alguma coisa a mais? Existia um complemento em sua vida, em seu trabalho?

Na época, não tinha muitas ideias do que poderia fazer. Eu me lembro de que chegou uma época, em que meu pai me disse: "Olhe, você podia conseguir um trabalho, vou arranjar um lugar para você trabalhar". Ele arrumou no escritório de uma empresa. E foi uma coisa tão natural! Foi acontecendo, e eu aceitei com muita tranquilidade. Mudei a escola para a noite. Trabalhar durante o dia custava bastante cansaço, porque eu tinha de me levantar cedo e ir para o trabalho; voltar para o almoço, voltar para o trabalho; voltar para o jantar, ir para a escola e, depois, voltar para casa. Era uma distância razoável; naquela época não existia ônibus para levar para cima e para baixo; nem van, era tudo a pé.

O senhor apanhou quando era criança?

Sim. Bastante.

O que lembra dessas... dessas delicadezas?

(risos) – Certas coisas, eu não sei nem o porquê. Era mais porque eu queria alguma coisa e a mãe dizia que não podia. "Eu quero ir à matinê hoje para assistir..." "Não, você não pode, hoje não tem" – e tudo o mais. Então começava a brigar porque queria ir... Ela puxava a orelha... Mas são coisas pelas quais não levei bullying para a vida, nem tive grandes problemas por ter apanhado.

Fisicamente, como é que o senhor era? Franzino, era...

Dizia minha mãe que eu nasci muito magro, muito franzino, que nem iria sobreviver. Certa época, eu fiquei um pouquinho mais gordo, mas depois, na época em que trabalhava e estudava, fiquei bastante magro.

O senhor se recorda das amizades daquele período?

Alguns amigos eu guardo até hoje. Outros, não sei aonde foram, onde estão. Com os vizinhos, tinha bons relacionamentos; alguns estudavam na mesma escola que eu, outros não; alguns eram mais velhos, outros, mais novos;

alguns seguiram suas carreiras, foram para o esporte, outros se tornaram empresários etc. Guardo nomes, fisionomias, brincadeiras feitas na rua; brincávamos, corríamos...

Qual padre marcou o senhor na fase da infância e da adolescência?

Na época, início dos coroinhas, foi o padre Mário dalla Zana, que me escolheu para ser coroinha e que me ensinou...

Era cisterciense?

Monge cisterciense...

Do mosteiro, dos fundadores?

Não, não. Não era não. Fundadores eram Dom Nivardo Fontemaggi, Dom André Montecchi e Dom Bernardo Biagioli. Padre Mário veio depois; ficou pouco tempo ali; era um padre mais ou menos jovem e me escolheu para coroinha. Ele me ensinou a responder missa e me orientou. Depois, evidentemente mais tarde, quem me marcou foi o padre Bonifácio Cicconofri, que era o monge sacerdote que ficou mais tempo ali. Depois, fiquei superior a ele, quando entrei para o mosteiro. Ele morreu em 1992, quando eu estava no mosteiro, antes de ser nomeado como bispo de São José do Rio Preto. Naquele tempo, ele nos levava para a zona rural, para ajudar na celebração das missas...

O senhor brincou de celebrar missa em sua casa?

Sim.

E quem é que respondia? Seus irmãos? Juntava gente na casa, a vizinhança?

Não, não havia ninguém. Fazia sozinho.

Em que língua?

Não sei que língua era; não me recordo *(risos)*.

Assim nós podemos concluir esta primeira fase. O senhor "sobreviveu", Dom Orani, a esta primeira fase. É muito interessante, porque aquilo que ficou evidente em suas palavras, até este momento, Dom Orani, é que o senhor trilhou um caminho para chegar a uma decisão, que foi amadurecendo...

No primeiro científico, já havia me decidido.

Segunda Parte

A MISSÃO

Entramos agora na formação de Dom Orani. Pudemos notar nas páginas anteriores os aspectos simples de um adolescente que, em certo momento – motivado por pessoas que lhe queriam bem –, decidiu trilhar um caminho que o conduziria para um mundo de serviço, de doação, de entrega total. Vamos conhecer, então, o itinerário que o levou a se tornar monge, sacerdote, bispo e cardeal.

Segunda Parte

Nasceu assim sua opção pelo mosteiro?

Sim. Eu tinha muitas opções. Lembro-me de que eu conversava muito sobre a questão vocacional, na época, com outro coroinha, que era vocacionado e que hoje é padre na diocese de São João da Boa Vista, padre José João Minussi. Ele entrou mais tarde do que eu, porque tinha ligação com o grupo de jovens e não queria perdê-la. Eu me lembro de que, quando nós falávamos sobre isso, tínhamos conversado sobre os padres claretianos de Rio Claro, que faziam grandes missões ali na cidade...

Existem ainda...

E iam sempre ali missionários. Alguns têm os redentoristas, nós tínhamos os missionários claretianos, como o monsenhor Adalto, pároco do santuário da cidade. Eles marcaram muito os jovens daquela época. Eu lembro que havia certa tendência a buscar os padres claretianos, sem saber muito bem o que eram, e foi então que me falaram: "Mas está aqui o mosteiro, ao lado; vamos conversar ali, vamos conversar, vamos ver". Padre João não entrou, mas eu acabei entrando. Quero dizer que, desde a época do primeiro colegial, eu já estava buscando o caminho do sacerdócio, que foi amadurecendo aos poucos. Essa é uma decisão que vai amadurecendo, e chega o momento em que você decide. Eu recordo que estava voltando sozinho da escola, à noite; eu já trabalhava e estudava; eu e o padre João fazíamos companhia um para o outro até certo ponto, depois cada um tomava o seu rumo. Havia um trecho em que eu andava a pé; às vezes, vinha com mais alguém, mas, quando estava sozinho, vinha pensando na vida. Foi quando me veio aquele sinal: "Acho que é este caminho que eu vou tomar: vou ser padre". Cheguei a casa, a porta estava sempre encostada para eu entrar. Naquela época, não havia chave na porta; encostava-se a porta. Entrei em casa e fui para o quarto; minha mãe se levantou. Mamãe nunca se levantava. Ela se levantou e me perguntou: "O que aconteceu hoje, você brigou, aconteceu alguma coisa?" Falei: "Não, não aconteceu nada, não." "Mas você está diferente – respondeu –, você entrou diferente."

E é dessa atitude diferente que nós vamos tratar na segunda parte. Porque conhecemos um pouco de Dom Orani, o menino Orani, o jovem Orani, que começa a ter um discernimento e uma escolha. O senhor fez a metáfora da estrada que se divide: as pessoas, quando voltam, cada uma vai para sua casa, cada uma pega uma estrada, e o senhor chega a casa, pelo que pudemos notar, já com uma decisão, não só na cabeça, mas também no coração.

Sem dúvida!

Falemos, pois, dessa decisão.
O que sua mãe disse?

Bem, eu não disse logo. Não falei logo sobre minha decisão. A coisa foi amadurecendo; nessa época, quando eu já estava decidindo, minha irmã Elza e meu irmão Levi foram morar com as irmãs, em São Paulo. Assim só eu e meus pais ficamos em casa. E foi difícil. Meus pais estavam idosos e tinham aquela ideia bem italiana de que o filho mais novo deveria ficar em casa para tomar conta dos pais. Então, quando havia decidido e conversado, fui dizer para eles que ia para o mosteiro. Minha mãe... chorou muito. Mas se lembrou de que, quando estava grávida de mim, folheou uma revista e viu a fotografia de um padre; acho que um padre mexicano. E pensou que talvez o filho pudesse ser padre. Ela se lembrou desse fato: "Puxa vida, eu pensei nisso, mas não pensava que ia dar certo" *(risos)*. Contou, então, essa história, da qual eu não sabia. Eu me lembro de que ela ficou muito chateada com isso, mas aceitou aos poucos. Meu pai, como todo homem, não é muito de dar a opinião, "você é quem sabe, você é quem vai". Durante meu noviciado, meu pai, com 70 anos, ficou bastante doente. Voltei do noviciado para visitá-los. Foi para mim muito duro ter de deixar meus pais sozinhos...

Que idade o senhor tinha?

Tinha 17 para 18 anos.

Que ano era?

Entre 1967/68. E, na verdade, Deus me mostrou que todo esse sacrifício de deixar os pais teve uma resposta muito bonita. O pessoal da vizinhança fez muita companhia a eles, e, para completar, eu fui ser monge e pároco ali. Assim, meus pais ficaram muito bem assistidos por todo o pessoal, toda a paróquia. Quando eles imaginaram que, no fim da vida, iriam ficar sozinhos, porque o filho mais novo tinha ido para o mosteiro, aconteceu tudo ao contrário. Nunca a casa foi tão animada e tão visitada durante a velhice deles, justamente pelo fato de o filho ser monge e pároco, no mesmo bairro que eles.

Pesou alguma vez para o senhor essa decisão?

Sempre pesa, porque você deixa os pais, deixa-os idosos, sozinhos, aposentados etc. Mas eu pensei que eu tivesse de decidir. Qualquer coisa que eu decidisse, iria acontecer isso: casar ou não casar, ou ser padre. Eu ia ter de dar esse passo. Então, claro que pesa, você chora, quando vai; mas depois o Senhor vai mostrando o outro lado.

Sua mãe disse "não vá"?

Não, nunca disse. Ela sentiu muito, chorou, mas não proibiu.

Por que monge cisterciense?

Porque... foi uma decisão que eu tomei sem saber direito o que era. E ela realmente foi o que mais deu certo para minha vida. Na época, como eu disse, havia os claretianos, que eram missionários, animados, os padres diocesanos, que eram da paróquia central e também o mosteiro dos cistercienses, com os quais acabei celebrando, participando das missas, mas sem haver muito relacionamento. Depois de ter entrado para os cistercienses, fui fazer o noviciado fora, em uma outra realidade.... Não o fiz ali, porque não existia noviciado no mosteiro, e eu seria o primeiro a fazê-lo nesse lugar.

Onde o senhor foi fazer o noviciado?

Itaporanga, sul de São Paulo, perto do Paraná, de tradição alemã. Era todo um estilo bem diferente, mas foi muito bom. Era tudo em latim, todas as coisas, todas as celebrações, todos os ofícios; havia toda uma rigidez de orientação, que foi me formando. Vi que minha opção, que estava amadurecendo, era realmente o que eu queria. O rezar e o trabalhar, no caso do mosteiro São Bernardo, em São José do Rio Pardo, além dos outros trabalhos, é também pastoral. Eu vi que tudo isso se casou muito bem com aquilo por que meu coração ansiava e bateu muito bem com tudo aquilo que eu via de minha vocação. E fui muito feliz nos anos todos de mosteiro.

O que é a Ordem Cisterciense?

A Ordem Cisterciense nasceu no século XI – é fácil saber disso hoje – de uma reforma beneditina. E a vontade dos primeiros abades (Roberto de Molesmes, Alberico e Estevão Harding) era poder viver a vida beneditina em sua radicalidade. No período em que não estava progredindo essa nova fundação, São Bernardo chegou ao mosteiro, com seus trinta companheiros, e reformou completamente esses inícios. Mostrou por que essa Ordem procurou viver a radicalidade beneditina, sentir com a Igreja. A Igreja, na época, lutava contra as heresias e assessorava reis, papas etc., e isso, em São Bernardo, marcou bastante minha vida. Eu vejo os cistercienses como aqueles que têm tempo para a oração, para o trabalho e para sentir com a Igreja, como sua responsabilidade. É uma vida monástica, não é uma clausura papal, como alguns imaginam, em que não se pode falar, não se pode sair para rezar fora. Alguns Cistercienses da Observância Comum têm escolas, outros têm fazendas, outros têm trabalho pastoral, depende da região onde estão inseridos.

Dom Orani, acho que é importante explicar que os monges têm escola, têm fazendas para as necessidades comuns da casa, porque o trabalho é um trabalho de manutenção, não é isso?

Sim, exatamente. Os monges fazem da escola seu trabalho. E trabalham ali, no sítio, para sustentarem-se.

Assim também o trabalho pastoral na paróquia tem este sentido: ser um trabalho, ser uma missão.

Há também os Cistercienses da Estrita Observância, os trapistas, que surgem mais tarde, e não aceitam trabalho pastoral, nem educativo; vivem apenas de oração e trabalho, assistência a retiros espirituais e aconselhamentos etc.; é uma vida mais silenciosa, cisterciense, que, aos poucos, vai se ramificando.

Como foi a fundação do mosteiro em Rio Pardo?

Começou com as irmãs alemãs. Era a antiga Beatíssima Virgem Maria, hoje Congregação de Jesus. Elas conheciam o abade de Hardehausen, que estava sendo expulso da Alemanha, devido à perseguição nazista. Os monges fecharam, então, o mosteiro na Alemanha e vieram para o Brasil. O abade Dom Alphonso Heun e poucos monges chegaram à cidade, em 19 de março de 1939. E as irmãs os receberam em São José do Rio Pardo e também o abade e mais alguns. Os monges se espalharam pelo país, porque não tinham lugar para ficar. E ali, em São José do Rio Pardo, eles pediram a fundação do mosteiro de São Bernardo e compraram um terreno. Moravam em uma casinha que havia naquela região. Isso foi em 42, se não me engano; mais tarde, na década de 50, eles encontraram um terreno, fizeram o mosteiro em Itatinga, perto de Botucatu, São Paulo, e todos foram para lá. Entregaram essa fundação de São José do Rio Pardo para os italianos, em 1948; pensaram na Congregação Cisterciense de São Bernardo, na Itália, a qual enviou três monges, para tomar conta dali; estes fizeram a primeira parte do mosteiro, que durou até minha época. Era aquele mesmo mosteiro que eles tinham feito, para iniciar a fundação monástica; depois, os alemães saíram. Começou assim...

Casamari?

Não. Casamari fundou Claraval, em Minas Gerais. Já é outra fundação, outra congregação na mesma Ordem; eles vieram para a diocese de Guaxupé; havia aquele bispo muito ligado à vida monástica...

Dom Hugo Bressane de Araújo, que é campanhense, foi vigário-geral da diocese da Campanha?

Também. Foi ele que chamou os monges e lhes deu a cidade de Garimpo da Canoas para trabalharem e fazerem seu mosteiro, o qual, depois, recebeu o nome de Claraval, em homenagem a São Bernardo. Mas lá a congregação é outra (Casamari); já a nossa Congregação de São Bernardo tinha sede em Roma.

Voltemos a sua casa. Como foi quando o senhor entrou? O que o mosteiro representava, já que a casa de seus pais era por ali, naquelas imediações, não é isso?

O que significou essa decisão, essa opção? Como pode um monge, como o senhor, que é tão conectado com o mundo, com as tecnologias, com os meios de comunicação, dedicar-se tanto à oração e estar tão conectado a essas coisas modernas?

Você entra para uma casa, vendo as pessoas que moram nela, e não a história e as constituições. Quando entrei para o mosteiro de São Bernardo, eu não conhecia as Constituições, nem a Regra de São Bento; eu conhecia os monges cistercienses, que estavam ali rezando a missa, dando catequese, ajudando os coroinhas, indo para a roça conosco...

E o sacerdote na missa já estava virado para o povo, versus populum?

No começo não, depois acabou sendo assim. Fui um dos primeiros que leu em português a missa, no Santuário de São Roque. Quando foi permitido, eu me lembro de que fiquei nervoso à beça, nem li direito. Falando em missa voltada para o povo, eu me lembro de que, um dia, eu e o professor Vinícius, de história... (já se falava muito, na época, que o Papa ia fazer o Concílio Vaticano II), fomos para a escola conversando sobre isso: "Mas como é que vão reunir todo mundo na mesma Igreja...". Essa era a ideia do pré-concílio, que, na época, passava pela cabeça de um adolescente, ao assistir à aula de história. Mas, depois, acabamos vendo tudo diferente, como começou a reforma litúrgica. Foi aos poucos; eu lembro que começava a ler em português etc., porque na época havia o livrinho, com o qual você acompanhava em português aquilo que era lido em latim. Então havia a missa dialogada; respondíamos em português.

Então o senhor tem o pré-concílio, o concílio e o pós-concílio, vamos dizer assim?

Sim. O pré-concílio foi bem pouco. Eu era bem criança, adolescente.

Os anos de formação monástica pesaram ou foram um complemento daquilo que lhe faltava na vida? Como é que o senhor viveu-os?

O noviciado foi muito bom. Foi totalmente diferente daquilo com que eu estava acostumado; foi uma ruptura muito grande, porque saí de uma cidade conhecida para uma cidade desconhecida. O prior na época era Dom Guido Pierino Salvatori, que tinha me levado, em outubro, para conhecer o lugar de meu noviciado. Depois, em janeiro, apesar de a empresa não querer, eu saí. Eu não tinha falado o porquê de ter de ir. Depois tive de explicar por que eu ia sair da empresa. Saí e, no dia seguinte, viajei para o mosteiro. Foi uma ruptura muito grande, de cidade, de cultura, de cultura italiana para cultura alemã, mas me senti muito bem; acho que foi o momento. Na época, lembro que até comecei a aprender alemão, pois havia aulas de alemão no mosteiro. O mestre de noviços era um brasileiro que havia estudado na Alemanha. Entretanto, logo, foi mudado o mestre, e acabamos perdendo essa possibilidade. Mesmo assim, eu tinha o dia muito ocupado com as orações, com o trabalho, com os próprios passeios que se faziam, com o esporte que existia também. Era muito ocupado o dia todo.

E a filosofia? São Bento em São Paulo? Como foi?

Terminado o noviciado, eu fui para São Paulo para fazer filosofia.

Morava onde?

No começo, morava no próprio Mosteiro São Bento; depois, o prior de nosso mosteiro cisterciense, Dom Guido Salvatori, que morava em São Paulo, Vila Nova Cachoeirinha, precisou de ajuda na paróquia (ele tem uma paróquia lá na Cachoeirinha), e fui para lá...

E o padre está lá até hoje, não é?

Até pouco tempo, lá estava o italiano, Agostinho Zacchetti, do mosteiro de Milão, no mosteiro de São Bento, em Rio Pardo, do qual fui, mais tarde, vigário paroquial. Na época, Dom Guido quis que eu fosse morar na paróquia para ajudar. No primeiro ano, morei o tempo todo dentro do São Bento.

Quem era o abade naquela época?

Dom Joaquim de Arruda Zamith, que faleceu em 2014. Inclusive, uma das coisas que eu fiz, na época de comunicação, foi um jornal mural, chamado "Observador" *(risos)*.

(risos) L'Osservatore? Será que não é, muito assim, sintomático seu comportamento de observar as coisas?

Sei lá.

Já nasceu ali a vontade da comunicação?

Já tinha antes, com o jornal na escola, no Científico. Publicávamos uns artigos e tudo o mais... Na época, acho que já existiam até os telefones de barbante, que fazia, no período de adolescente. Mas, no mosteiro São Bento, com o jornal "Observador", sem dúvida, a coisa foi acontecendo. Ali nasceu a questão da comunicação. Eu me lembro de que todos os artigos publicados eram vistos pelo abade, que verificava tudo.

Lembra-se de quais temas eram tratados no jornal da escola?

Temas variados. Época de escola, era correr atrás de revistas, de jornais, essas questões todas é que nós publicávamos. Havia um quadro na escola, e eu era o responsável pelo jornal mural.

Nunca foi censurado?

Na escola, não. No mosteiro, sim *(risos)*.

(risos) Com a revolução? O senhor teve algum problema com a revolução?

Não tive. No mosteiro, foi um artigo sobre os *prima principium*, algo assim.

Nada de política?

Não, não havia, não.

Só doutrinal... E a teologia foi feita no Pio XI?

Quando eu cursava filosofia, fazia a publicação do jornal mural no São Bento. Ao ir para a paróquia, na Cachoeirinha, havia as irmãs da Consolata, que têm até hoje um colégio, para falar da questão da veia de comunicação. Lá, existia uma irmã que trabalhava nas missões e fazia filmes, slides, e eu a ajudava, escolhendo os slides, colocando o som, gravando (naquela época era bobina) justamente filmes destinados às missões etc.. Mais tarde, quando entrei para fazer teologia, nos Salesianos, no Instituto Pio XI, comecei a trabalhar com Pe. Agostinho Zacchetti, monge italiano (que antes tinha sido o primeiro pároco na paróquia São Roque, confiada aos monges do mosteiro, em São José do Rio Pardo), com as irmãs paulinas e com o pároco; quando havia exibição de filmes, de slides e gravação, era eu quem fazia. Eu já tinha, pois, todo esse gosto pela comunicação. Na época em que eu morava em São Paulo, no período da teologia, certo tempo trabalhei com a Jovem Pan: toda Sexta-feira Santa havia aquele "Sermão da Paixão na Jovem Pan"; era eu quem gravava as intervenções de vários padres e bispos do interior de São Paulo e mandava aquelas fitas cassete.

Sua vocação religiosa nunca balançou a vocação para a comunicação?

Não, pelo contrário, achava que a comunicação combinava muito bem com o estilo de vida monástica que eu tinha de viver, com o trabalho de evangelização. E, na teologia, no Instituto Pio XI, era um sacrifício. Eu me lembro de que eu tinha de pegar um ônibus, depois, andar quase uns quinze minutos a pé, pegar outro ônibus, que vinha lá da Parada, para chegar até ao mercado da Lapa; depois tinha de subir a pé toda a rua Nossa Senhora da Lapa, para chegar ao Instituto. Eu chegava suado à beça, na época era bastante desgastante. Dizia que, quando terminasse a teologia, haveria ônibus na frente de casa; dito e feito: terminado o quarto ano de teologia, colocaram uma linha que passava em frente de casa e ia até à frente do Instituto *(risos)*.

Qual professor mais marcou o senhor na filosofia?

Na filosofia, foi o abade beneditino Dom Joaquim Zamith. Ele era, além de abade, professor de filosofia;

tinha uma presença muito grande, muito forte. Ele acabou sendo, um pouco, meu diretor espiritual por um bom tempo. Tinha uma presença muito bonita, e, tem até hoje. Eu o encontrei muito tempo depois.

Já era cardeal?

Acho que era sim. Foi em uma celebração, em uma cidade de Minas, onde ele também estava repousando. Fomos dormir na mesma casa, onde estava hospedado. Ele falou – já estava com mais de 80 anos – de seus estudos e que iria me mandar publicar alguma coisa. Não deu tempo, pois queria terminar melhor, mas acabou falecendo, em 2014. Ele marcou bastante meu tempo da filosofia.

E na teologia?

Na teologia, havia, assim, aqueles mais folclóricos... *(risos)*.

Muitos ainda vivem... (risos).

E aqueles que tinham certa presença forte. É claro que, na teologia, um deles, que hoje é bispo emérito, marcou muito: Dom Hilário Moser.

Mas ele ministrava direito canônico.
Isso não é meio assim...

Não, Dom Hilário Moser dava teologia. Direito canônico era Dom Corso...

Dom João...

Dom João Corso. Eu também gostava de Dom João Corso; por incrível que pareça, eu também gostava de direito canônico.

Mais ou menos?...

Mais. Dom Hilário Moser me marcou muito. Ele era o responsável pela escola, pelas matérias e dava aula de teologia. Outra coisa: durante os três anos da teologia, eu fui tirado de São Bento; fui para a região norte de São Paulo, para ajudar na paróquia. Quando comecei a teologia, do segundo ano em diante, eu tinha de ir a Rio Pardo, a São José do Rio Pardo, para ajudar na paróquia e nas vocações de meu mosteiro.

Isso não seria a pastoral que hoje se faz para ser ordenado?

Sim, só que havia 300 km de distância *(risos).*

O que o senhor fazia nesse trajeto de ônibus?

Então... eu estudava até sábado. Saía da escola, ia para casa, pegava o material, ia para a antiga rodoviária de São Paulo, pegava um ônibus, chegava à tarde a Rio Pardo, onde o padre Bonifácio me aguardava. Ele me levava direto para uma capela, para ajudar na celebração. No domingo, tinha encontro com os vocacionados, para orientá-los, e ajudava na celebração das capelas. Na última capela da noite, eu acabava às dez horas. Pegava o ônibus da meia-noite, chegava a São Paulo às três da manhã, ficava esperando o ônibus ali na av. Rio Branco, com frio ou calor, para poder ir para Cachoeirinha. Aquele ambiente da Rio Branco de São Paulo, às três da madrugada... Dormia até às sete, depois me levantava para rezar e ir para a escola de novo.

Então foi um período muito intenso... (risos). Qual o colega, na teologia, que marcou o senhor?

Na teologia, tive um, o Pícoli, que me marcou. Ele não ficou muito tempo, porque depois foi para Roma, a fim de estudar. Hoje está na África, com os salesianos; somos muito amigos. Na filosofia, eu tinha muita amizade com os cistercienses, com o padre Celso, hoje abade de Itaporanga, com o Dom Gorgônio, que hoje é bispo de Itapetininga; também tínhamos muita ligação.

O antigo arcebispo de Ribeirão Preto também foi seu colega? Ou contemporâneo?

Não sei se ele estudou comigo, o sacramentino, não é?

É, o sacramentino, Dom Joviano de Lima Júnior?

Dom Joviano... nós não fomos colegas de escola. Encontramo-nos de outra forma, não me lembro bem como foi.

O senhor mantém contato com essas pessoas?

Esporadicamente, pois não temos muito tempo. Dom Gorgônio, algumas vezes, eu acabo encontrando na assembleia dos bispos, ou, uma vez ou outra, visito-o. Com Dom Celso abade tenho pouco contato também; uma vez ou outra nos encontramos; continuamos amigos, meio de longe.

Sua formação, como foi, fazendo uma somatória de todos esses anos, noviciado, filosofia e teologia? Como é que o senhor viveu essa experiência? Talvez seja um pouco difícil contar para quem não vive essa experiência, mas como é que o senhor a viveu e chegou, depois, à ordenação?

Vi que a filosofia foi mais exigente do que a teologia, no sentido de que os professores exigiram muito mais...

Não deveria ser o contrário?

É, mas foram duas escolas diferentes. Na filosofia, foi muita exigência, e eu me lembro de que tinha certo gosto de ser desafiado, de poder ir além do que ensinavam, ir além do que era colocado.

E as notas eram boas?

Sim, normalmente sim. Na teologia, creio que as exigências... Eram muito mais alunos, era a época do Concílio, pós-Concílio, pós-Concílio Vaticano II; havia muita confusão a respeito do que era exigido, do que não era exigido... acabava-se, justamente, tendo um pouco... Eu me lembro de que o direito canônico estava sendo mudado.

É, foi até 83 (risos). A última mudança do Concílio foi de 65 para 83.

Mas Dom Corso já passava para nós o que continuava e o que podia ser mudado no direito canônico. E eu me dava muito bem com João Corso, que era muito exigente; fiz quatro anos de direito canônico.

Naquele tempo, as coisas eram bem sérias.

E eu me recordo de que ele deu uma prova difícil à beça de direito canônico antigo, pois o novo estava sendo mudado. Ele tinha as fontes próprias. Lembro-me de que fui escrevendo todas as respostas; havia algumas perguntas sobre as quais eu tinha algumas dúvidas, então as deixei por último. E, quando eu comecei a responder à última pergunta, acabou o tempo. Pensei: "Bem, vou tirar uns nove, porque é a última pergunta e ficou pela metade". E Dom João Corso era tido como duríssimo. Quando eu recebi a prova, ele me deu dez. "Por que me deu dez? À última pergunta eu não respondi direito, comecei a responder e acabou o tempo." Ele disse assim: "Como estava respondendo tão bem às outras, imagino que a última seria boa também" *(risos)*.

Acho que é hora de falar de uma pessoa, cujo centenário há pouco comemoramos e que permeou toda a sua vida: Dom Tomás Vaquero.

Bem, a questão de Dom Tomás Vaquero é um capítulo à parte, porque foi ele quem me ordenou diácono, padre; ao mesmo tempo, foi de quem eu fui pároco, coordenador de pastoral por duas ou três vezes. Eu dirigia para ele, quando ia às assembleias dos bispos. Na época dele, fui do Conselho de Presbíteros, do Colégio de Consultores. Ao mesmo tempo, fui também coordenador das CEBs.

O senhor, então, teve essa passagem bonita nas CEBs?

Sim. Eram católicas, na época *(risos)*. Fui coordenador de comunicação. Com Dom Tomás Vaquero, nós começamos ali em São João da Boa Vista a rede de rádio, na Sexta-Feira Santa; todas as rádios da diocese faziam um programa comum na Sexta-Feira Santa, nessa época. Até hoje existe, com outras técnicas; mas antes dava um trabalhão danado fazer essa rede...

Como era Dom Tomás?

Um homem bastante simples, orante; rezava muito. Teve uma passagem com muita piedade pelo seminário e foi um grande profeta, porque, enquanto foram fechados seminários no Brasil, ele, ao contrário, abriu um. Todo mundo achou que era um exagero, um erro, abrir o seminário, quando o mosteiro foi fechado, em 1964, por julgarem que os monges deveriam morar em São Paulo, que tinha mais possibilidades, e não mais em Rio Pardo. Abriram, então, uma residência cisterciense em São Paulo e fecharam o mosteiro em Rio Pardo. Ficou, acho que um ano, fechado. Dom Tomás pediu dinheiro para comprar o mosteiro e fazer o seminário diocesano lá. Mas, nesse ínterim, em 1965, o mosteiro voltou a reabrir-se ali, com Dom Abade Rosavini. Dom Tomás, com o dinheiro para comprar o mosteiro, acabou comprando um terreno e fazendo o seminário diocesano em São João da Boa Vista. Realmente, foi a época em que São João começou a ter vocações e chegou a ser a diocese que, percentualmente, mais teve vocações.

Até hoje. Até hoje continua.

Percentualmente, tem muitas vocações. E isso eu atribuo à oração de Dom Tomás. Ele sentava no carro e a primeira coisa que dizia, brincando, era: "Você é católico? Então vamos rezar o terço". E começava a rezar o terço. Eu ia dirigindo, e ele ia rezando o terço. Esse era Dom Tomás. Tínhamos um relacionamento muito próximo. Sempre que eu o levava às assembleias, assembleias do Regional, Regional Sul 1, ia escutando todas as coisas. Ele não falava quase nada nas assembleias, quase nada. Mas depois, no carro, para mim ia falando todas as coisas, reclamando etc. Ele era também focolarino; após a assembleia dos bispos, ele sempre ia para Mariápolis, passava alguns dias lá, era costume dele. Ao mesmo tempo, era muito amigo, muito próximo dos padres, muito próximo das pessoas.

Ele marcou muito sua vida?

Sim. Fui ordenado diácono em 25 de março de 1973. Foi um pedido do mosteiro minha ordenação, para poder ajudá-lo. Assim eu fiquei todo o 1973, de março em diante, até dezembro de 1974, como diácono, ajudando-o. Na época, eu estava fazendo aquelas viagens de São Paulo a Rio Pardo.

E o diaconato, foi realizado no mosteiro?

Sim, no mosteiro, sábado e domingo. De segunda a sexta, em São Paulo.

E a ordenação?

A ordenação foi em Rio Pardo.

Na igreja de São Roque?

Sim.

E o presbiterato também?

Também foi lá, na igreja matriz São Roque, em 7 de dezembro de 1974.

Ambos por Dom Tomás?

Sim, Dom Tomás Vaquero, de saudosa memória.

E sua ordenação...

A ordenação presbiteral foi Dom Agostinho Zacchetti quem preparou, muito bem. Fui fazer retiro, durante uma semana, no mosteiro beneditino de Serra Clara, em Minas Gerais. Voltei no sábado de manhã para Rio Pardo; à noite houve a ordenação presbiteral, e Dom Agostinho preparou tudo: os cantos, a liturgia. Dom Agostinho também gostava muito de comunicação e de gravação. E eu me lembro de que ele gravou toda a ordenação. Mas houve um erro: como foi comprida, o gravador começou a regravar e gravou por cima da maior parte *(risos)*. Ele ficou transtornado. Então pegou outra gravação – acho que alguém tinha gravado – para poder me dar; entretanto não saiu com a mesma qualidade da que foi gravada direto do amplificador.

Antes de falarmos do dia da ordenação, o senhor se recorda do dia anterior à ordenação?

Eu estava em Serra Clara, um mosteiro beneditino, que eu acho que não existe mais, o qual tinha uma primitiva observância. Era bem na montanha, em Minas Gerais, perto de Itajubá. Para ir lá, era preciso que alguém nos levasse, porque não havia ônibus nem nada que chegasse lá. Na primeira vez, o retiro foi lá; eu me confessei para a ordenação e passei o dia no silêncio, na oração, na expectativa do dia seguinte, quando eu viajaria para Rio Pardo, com muita tranquilidade.

Seus pais estavam na ordenação?

Meus pais estavam. Até monsenhor Adauto Vitali, o padre que me batizou, que era o pároco da matriz de São José (já estava bastante deformado, por ter reumatismo deformante), estava lá e me impôs as mãos.

Alguma emoção ou estava anestesiado naquele momento? O que lhe passava pela cabeça?

Foi uma ordenação em que eu estava sozinho, não havia mais ninguém comigo; eu era o centro das atenções, o que não era costume para mim, muito jovem, na época com quase 25. Até então, tivera uma vida de mosteiro, onde eu tinha tudo. Nada de minha ordenação foi escolhido por mim, outros fizeram tudo. Ela aconteceu justamente na igreja matriz de São Roque, muito conhecida, ao lado do mosteiro, na qual fui catequista e li pela primeira vez em português em uma missa, voltado para o povo. Quando vejo hoje a preocupação de cada um, escolhendo canto...

...paramentos...

Os paramentos eu que escolhi, mas são bem mais simples.

Usava a batina, o hábito?

Usava hábito sim; na época era comum usar. Dentro do mosteiro, pelo menos, sempre usava o hábito.

E a primeira missa, como foi?

Foi no dia seguinte, dia de Nossa Senhora, no bairro do Bonsucesso, onde está a capela de Nossa Senhora Aparecida. Eu quis celebrar lá, por ser uma igreja de Nossa Senhora, onde eu exerci os primeiros momentos de catequese. Quando comecei a ser catequista, fui dar catequese nessa região. Na época, não era nem paróquia, dependia da matriz central, São José. Dona Sara Machado era a responsável, e fomos ser catequistas ali. Nessa região, havia realmente muita gente necessitada, o que chamamos de habitação coletiva, ou seja, cortiços; ali nós começamos a exercer o trabalho de catequese pela primeira vez. Por isso, eu quis que minha primeira missa fosse ali também.

Dom Orani, o senhor, como padre, teve um apelido, como "padre de rodinha nos pés"?

Padre de rodinha?

É com rodinha nas pernas, nos pés, por andar muito e correr para cá, para lá, procurando servir e atender a todos que pudesse.

Como padre, além da formação, logo fui nomeado subprior do mosteiro, jovem de tudo. O prior morava em São Paulo, e eu morava no mosteiro, em São José do Rio Pardo. Fui capelão do hospital, das freiras, tanto das de Santa Maria, hoje Congregação de Jesus, como das Filhas de Nossa Senhora do Monte Calvário; fui capelão do noviciado do Monte Calvário, do orfanato das meninas e de umas 20 capelas da zona rural...

Mas havia missa todo dia?

...capelão do hospital, já falei; fui também responsável das capelas rurais; depois, mais tarde, capelão das capelas urbanas; posteriormente, pároco; mas não foi tudo de uma vez.

Na sequência...

Sim, foram várias oportunidades, e cada uma foi muito agradável. Quando era capelão de hospital, eu tinha trabalho com as irmãs, missa às 6h todo dia e, aos sábados, às 16h30. Ia quase todos os dias ao hospital, administrava unção, visitava os doentes etc.

Há 40 anos, o senhor fundou um grupo de jovens, que até hoje se reúne!

Na verdade, não fui bem eu quem fundou esse grupo de jovens. Assim que eu fui ordenado, soube que havia alguns jovens que se reuniam fora da igreja. Por quê? Porque o pároco, padre Agostinho, tinha uma ligação muito grande com os focolares e tinha fundado a Juventude Amor e Paz, JAP, com certa conotação focolarina. Houve qualquer crise, qualquer questão, qualquer pressão contrária, e ele acabou com o grupo jovem. Eu cheguei nessa hora como padre; morava em São Paulo, ia ali só no fim de semana. Ainda havia alguns que se reuniam. Então, um dia, mandei chamar esse pessoal e disse-lhes: "Escutem, vamos formar um grupo de jovens aqui na paróquia". Então começamos. Fomos a Divinolândia, onde havia um padre da Renovação Carismática, que veio dar um curso para eles etc., e começamos a trabalhar. Fomos, depois, a Guaxupé buscar o TLC também, para fazê-lo na paróquia. Começamos a trabalhar com os jovens aos poucos, aos domingos à tarde; tornou-se como que um centro de captação de jovens, não só da paróquia, mas da cidade toda. Um foi chamando outro, e assim formou-se esse grupo de jovens, que se reunia no subsolo do mosteiro. Logo surgiam todas aquelas questões de que o jovem desarrumava as mesas, desarrumava cadeira, e não se podia deixar assim; eu tinha de enfrentar tudo isso. O pessoal da paróquia reclamava que faziam muito barulho, mas eles, aos poucos, foram se firmando como jovens. Esse grupo se chamou TUCAF (Todos Unidos como Amigos Felizes). Hoje, a maioria já é avó, casada, com filhos e netos, e continua muito unida, trabalhando na Igreja; está em novos movimentos eclesiais, trabalhos pastorais e muito animada como cristã. Há também tantos outros que se mudaram para outras cidades e continuaram sua missão em outros locais. Um belo momento: os jovens, quando têm a atenção e existe alguém que os acompanhe, sabem dar belas respostas para a sociedade e para a própria vida. Realmente, foi uma experiência belíssima o trabalho com a juventude na paróquia de São Roque – e continua sendo até hoje, pela amizade que continua. Essa unidade ficou não só até eu ser nomeado bispo, em 1997: até hoje temos no whatsapp umas 60 pessoas dessa "juventude de outrora", que me ajuda a oxigenar o dia, com troca de mensagens e experiências cristãs. Dou graças a Deus ter me acompanhado nesse amor pela juventude, desde o início de meu sacerdócio, até termos, com sua graça, organizado uma JMJ, com a presença do papa Francisco, já em minha missão como Arcebispo do Rio de Janeiro.

Primeiro, o senhor foi vice-prior, depois foi prior; como fez para ser abade? Quer dizer, para ser abade, o senhor foi eleito, mas como o senhor conseguiu as tratativas com a casa geral, em Roma, para isso? Mas, antes de falar disso, o que é prior? O que é abade?

Um mosteiro tem um superior, que toma conta da casa, cujo nome é prior e subprior, que é o segundo, o vice.

Priorado é como se fosse uma prelazia e a abadia uma diocese? Mais ou menos assim?

Depende um pouco das constituições da congregação, à qual pertence o mosteiro. O que aconteceu foi o seguinte. Nosso prior, Dom Guido, foi eleito abade presidente e teve de ficar em Roma. Eu era subprior. Eu nunca soube, oficialmente, que tinha virado prior. Fiquei como subprior um bom tempo, substituindo, mas não sabia que tinha sido nomeado prior. Pensei: "Será que não vão nomear prior ou coisa assim?" "Não, você já foi nomeado faz tempo" *(risos)*. "Fui nomeado, é?" Então passei a ser o prior da casa. Mas nossas constituições tinham uma particularidade: havia uma abadia, a abadia de Santa Cruz de Jerusalém (em Roma); todas as demais casas de sua congregação eram priorados simples, ou seja, dependiam em tudo dessa abadia. Nesse ínterim, era a única congregação da Ordem Cisterciense que era assim. Todas as demais congregações tinham sua própria constituição, pela qual cada mosteiro podia ser priorado, podia ser *sui juris*, por conta própria, ou abadia, dependendo do número de monges. Com tal número de monges, é priorado simples, depende em tudo da mãe; priorado *sui juris*: com certo número de monges, tem sua própria independência; abadia, quando tem 12 monges; aquela questão toda, independência econômica etc. Foi nesse ínterim que nós começamos a estudar a constituição da congregação e fomos mudando até ser possível ter priorado *sui juris* e abadia. A constituição foi aprovada em setembro de 1996. Nosso mosteiro passou direto de priorado simples para abadia, pois tínhamos mais de 20 professos solenes na época.

O senhor ainda ficou um ano...

Eu logo pedi para que Rio Pardo fosse abadia, o que foi concedido pelo capítulo da congregação. Então, em dezembro, houve a instalação da abadia e a eleição do abade; em dezembro, fui eleito abade de lá. A eleição do primeiro abade foi em 5 de dezembro de 1996, e minha bênção abacial foi em 15 de dezembro do mesmo ano.

Quanto tempo o senhor ficou como abade?

Pouco. Em fevereiro de 1997 veio a nomeação de bispo.

Só para terminarmos justamente com esse seu período de missão como monge, sacerdote, abade: há um fato, alguma coisa que o tenha marcado nesse período de sua vida? Alguma coisa que lhe trouxe alegria ou tristeza? O senhor era muito jovem quando começou essa sua missão. Há alguma coisa que o senhor faria diferente?

Tanta coisa! Nossa, mãe! Eu me lembro de que – depois de o fato ter passado, acho assim muito estranho – quando nós começamos a fazer os TLCs, a diocese de Guaxupé, a paróquia de Guaxupé vinha fazer o TLC na Semana Santa, porque aproveitava os dias de feriado. Quando eu me lembro, meu Deus do Céu! Achei estranha a coisa, como monge, mas, como veio importado... Depois nós mudamos. Semana Santa é Semana Maior, da qual temos de participar; aos poucos, fomos evangelizando. Os jovens, também, pouco a pouco, foram crescendo. Acho que foi isso que me marcou bastante: os jovens foram crescendo juntos ali, aprendendo a serem Igreja, vendo a experiência de outros movimentos etc. E também ver a ação de Deus, porque, no fundo, o que pode um jovem padre de 25 anos entender de orientação de um grupo de jovens com 50/100 participantes etc. e começar esse trabalho? É interessante ver como o Espírito Santo foi dirigindo todas as coisas; não pela sabedoria das pessoas, mas sim porque Ele vai conduzindo. Precisamos ser dóceis a isso tudo. Lembro-me também com muito carinho do trabalho no hospital, de poder administrar a Unção nas antigas enfermarias, porque na época existiam as enfermarias com várias camas, onde tive um trabalho muito interessante. Certa vez, havia um pastor presbiteriano doente, eu fui visitá-lo, rezei salmos com ele, depois ele acabou falecendo. Eu passei pelo velório no dia em que ele faleceu. Passei de madrugada, voltando do hospital, pela igreja presbiteriana. Estavam lá somente o caixão, onde ele estava, e a mulher, na igreja; ninguém mais. A mulher, que morava perto de minha mãe, ficou muito amiga dela. Depois, minha mãe mudou-se para São Paulo. Essa amizade começou com o atendimento de um pastor ali no hospital. São coisas de que me lembro e que me marcaram muito.

Seria importante, Dom Orani, ressaltar um pouco o trabalho em âmbito de diocese, porque o mosteiro sempre teve uma presença marcante na diocese de São João da Boa Vista.

Sim, acho que nós participamos de tudo que acontecia na diocese – confissões comunitárias, confissões nas paróquias, reunião de Regional –; os padres sempre compareciam. Havia também a participação no conselho dos consultores, na assembleia diocesana. Por outro lado, muitos padres da diocese frequentavam nosso mosteiro para retiros, atendimentos e também para conhecer nossa liturgia, espiritualidade, arquitetura etc.

O senhor foi coordenador diocesano de pastoral?

Fui coordenador de pastoral.

Tanto de Dom Tomás como de Dom Dadeus?

De Dom Dadeus Grings também. Fizemos assembleias da diocese. Dom Agostinho Zacchetti, inclusive, na época, gostava de imprimir, de fazer as coisas. Ajudou muito nesse aspecto também. Fui vigário paroquial de Dom Agostinho, de 1974 a 1984. Aprendi muito com ele; estávamos em comunhão em tudo que dizia respeito à evangelização.

Uma palavra sobre Dom Dadeus Grings.

Dom Dadeus é bem diferente de Dom Tomás. É uma cabeça filosófica. Eu aprendi a gostar de Dom Dadeus. Nós nunca o vencemos e o convencemos. Eu me lembro de que, discutindo um assunto qualquer, eu disse: "Não adianta, eu sei que não vou vencer o senhor, não há como". Mas ele é uma pessoa muito emotiva. Nas celebrações de ordenação, no cumprimento dos padres, sempre o via chorar. Homem muito inteligente. Eu sempre lhe dizia: "Não sei como o senhor arranja tempo para escrever tanto livro assim".

À mão?

É, exatamente. Agora não sei se está digitando, não sei se está conseguindo. Mas como é que consegue escrever tanto? A cada ano um ou dois livros. E fazia todo o trabalho pastoral da diocese. Uma das coisas que me chamava a atenção é que ele não dirigia muito bem, mas fazia questão de dirigir.

Vivia batendo, não é?

Estava indo para Divinolândia, quando vi um carro parado na beira da estrada; Dom Dadeus está lá. "Aconteceu alguma coisa?" "Não". Era muito cedo, ele parou para rezar o breviário sozinho na estrada. Nessa época, acho que era possível, não havia tantos problemas assim. Dom Dadeus é um homem muito inteligente e muito perspicaz nas coisas. Gosta de uma polêmica e leva até o fim; não volta atrás.

Uma palavra sobre seu diretor espiritual e sobre a comunidade dele.

O atual, o antigo?

O vigário-geral.

Ah, monsenhor Orlando. Nós trabalhamos juntos. Não fomos colegas de escola, mas éramos vizinhos de paróquia, de cidade. Ele, de Caconde, eu, de São José do Rio Pardo; tínhamos uma boa ligação ali, depois também como padre e, mais tarde, tanto nas assembleias da diocese, como nas confissões que havia nas paróquias da vizinhança. Ele foi para Brodósqui, para ser reitor do seminário, por isso ficamos longe certo tempo. Ali ele começou, a pedido do arcebispo de Ribeirão, a dar assistência às comunidades de Jardinópolis e acabou tornando-se um dos fundadores da Comunidade Missionária Providência Santíssima, à qual ele realmente estava ligado. Na época de Caconde, era do Caminho Neocatecumenal; depois acabou se ligando à Renovação Carismática, ali com a comunidade. É uma pessoa de grande dedicação à Igreja, que fala muito bem, que tem um discurso bem animado; é um grande pregador, que o Senhor escolheu. Ele diz que não sabe como aconteceu, mas hoje tem uma nova comunidade que está espalhada pelo mundo afora; está em vários locais do mundo, padres, religiosas, também casais e sempre surgem muitas vocações. Desde aquela época, temos uma boa ligação entre nós.

Bom, nós conhecemos um pouquinho de sua vida que talvez muita gente não conheça. A partir de agora, vamos conhecer alguma coisa que creio que todo o Brasil conhece, mas de modo diferente.

No prosseguimento de nossa conversa com Dom Orani, vamos nos deter em outra etapa de sua vida: o episcopado. Pudemos, nas páginas anteriores, conhecer o menino, o jovem, o sacerdote Orani, que estava destinado a se tornar o pastor de um rebanho ainda maior: ser bispo de uma diocese.

Dom Orani, agora vamos falar de seu episcopado. O senhor se recorda de como soube que seria bispo? O senhor foi chamado à Nunciatura? Dom Dadeus o chamou? Como é que foi?

Não. A primeira vez, quando fui convidado a ser bispo, foi para São José do Rio Preto. Eu era pároco e abade do mosteiro e tinha ido a São Paulo para algum tipo de serviço. Quando voltei para o mosteiro, fui ao escritório e vi que havia uma porção de correspondências. Atendi a telefonemas e abri as correspondências; eu mesmo abria as correspondências, uma por uma. Havia uma correspondência da Nunciatura: sempre chegava, por uma razão ou por outra, alguma consulta; eu a abri, como qualquer correspondência, para ver se havia alguma questão. Então tive uma surpresa; estava escrito ali: "O senhor foi nomeado bispo de Rio Preto".

Foi assim o senhor ficou sabendo da nomeação?

Sim.

E veio de onde?

Veio da Nunciatura.

E o senhor não tinha que ir lá para responder?

Não.

Então, era obediência...

Chegou uma carta, via correio, dizendo que eu estava sendo nomeado bispo de São José do Rio Preto, atendendo ao pedido do bispo de lá, que tinha pedido renúncia. O Santo Padre tinha me nomeado. Eu devia responder à Nunciatura por carta, aceitando a nomeação.

Vamos falar um pouquinho disso. Quando um bispo recebe a comunicação (não sei se o procedimento ainda hoje é o mesmo, ou se o telefone já é usado), tem de aceitar?

Não tem necessariamente que dizer que aceita. Pode não aceitar também. Mas, evidentemente, para quem está acostumado à vida religiosa e não tem impedimento sério de sua parte, é difícil dizer não a um chamado do Santo Padre. A primeira vez, para ser bispo de Rio Preto, foi por correspondência...

Vamos ficar aqui mesmo, em Rio Preto...

... só para comparar, a segunda vez...

... o senhor foi chamado à Nunciatura?

... fui chamado à Nunciatura, quando fui nomeado para Belém. Fui chamado à Nunciatura, e o Núncio, Dom Lorenzo Baldisseri, me entregou em mãos a carta. A terceira vez, em Belém, eu estava indo para uma reunião de casais; o Núncio estava me procurando; avisaram-me da residência que estava atrás de mim; eu estava lá já no local da reunião: "O Núncio queria falar contigo...". Ele, então, usou o celular e disse que eu tinha sido nomeado para o Rio de Janeiro. Assim, a primeira vez por correspondência, a segunda vez chamado à Nunciatura e a terceira vez por telefone.

E para o Colégio Cardinalício?

Para o Colégio Cardinalício foi pelo rádio. Rádio Vaticano.

Os meios de comunicação...

Cada vez foi de um modo. Para cardeal, eu estava saindo da missa da Rede TV Brasil; estava escutando o *Angelus* no telefone celular; a questão do fuso horário é de cinco horas de diferença; eu já tinha missa de manhã, era a época de São Sebastião...

O senhor estava indo para a cruzada de São Sebastião?

Sim, depois iria lá para o morro; nesse ínterim, enquanto eu saía da missa e ia para Cruzada São Sebastião, começou o *Angelus*. O Papa, logo depois, começou a nomear cardeais e foi uma surpresa: disse meu nome! Havia muitas pessoas comigo, mas, daí para frente, não escutei mais nada, porque começaram a chegar mensagens; chegou tanta coisa pelo celular, que não tive mais como acessar para saber quem eram os outros cardeais.

Posso dizer, Dom Orani, que eu estava transmitindo naquele dia o Angelus e nós não tínhamos a lista dos novos cardeais; não sabíamos que o Papa iria convocar um Consistório; pelo menos, não nos tinha sido dito que era prevista a convocação do

Consistório. Antes de o Papa fazer a oração final com a bênção, chegou padre Lombardi, então porta-voz do Papa, com uma folha. Eu me recordo perfeitamente, era a lista dos novos cardeais. Naturalmente, no meio da página estava o nome do senhor.

É.

Voltamos... porque depois nós vamos conversar sobre isso.

A primeira vez foi dessa forma, por meio da correspondência da Nunciatura, esperando uma carta como resposta. Não houve, então, um contato pessoal.

E o senhor respondeu ou foi à própria Nunciatura?

Respondi por carta; depois, quando respondi à Nunciatura, foi por telefone: conversamos sobre uma data de ordenação.

Como foi sua sagração? Quem o sagrou?

Bem, naquela época, quem estava em São João da Boa Vista era Dom Dadeus. Perguntei-lhe se queria ser o presidente da sagração e ele respondeu: "Não, convide Dom José de Aquino" (era o bispo que estava saindo lá de Rio Preto). Então convidei o bispo de Rio Preto, Dom José de Aquino; Dom Dadeus foi o consagrante e o terceiro foi Dom Luís Bergonzini, padre da diocese de São João da Boa Vista, hoje já falecido, que tinha sido recentemente nomeado bispo de Guarulhos; Dom José de Aquino também já faleceu. Assim, foram três: Dom Aquino presidiu, Dom Bergonzini foi consagrante e Dom Dadeus, então bispo de São João, outro consagrante.

Sem colocar em comparação sua ordenação presbiteral com a ordenação episcopal, o senhor experimentou diferentes emoções?

Sim, são diferentes, porque, por um lado, a ordenação presbiteral você almeja e vai chegando lá, sabendo o que vai acontecer, desejando que aconteça, esperando uma meta que, digamos assim, vai sendo colocada, sabendo que é um serviço que você vai prestar. Assim, é um momento de muita emoção, de muita alegria, de quem está chegando àquilo que sempre quis, que teve o carinho de estudar, de escolher. Para a celebração, a oportunidade de escolher o cálice, de escolher, digamos assim, a túnica que vai usar, escolher os paramentos, etc. Os cantos já tinham sido escolhidos. Foi um pouco assim. A ordenação episcopal é uma emoção muito grande, porque é uma grande responsabilidade, mas é uma ruptura; em meu caso, foi uma grande ruptura. Eu tive dificuldade de responder logo, porque tinha conseguido recentemente a elevação do mosteiro a abadia. Tinha recebido havia pouco a bênção abacial e tinha me tornado primeiro abade cisterciense nascido no Brasil. Havia a ligação afetiva nessa família, cuja maioria tinha entrado quando eu já estava no mosteiro, quando já era subprior ou prior, superior da casa; assim, praticamente, éramos uma família de muitos laços. Não é fácil se desvencilhar deles. Então, dupla emoção, devido à responsabilidade e, ao mesmo tempo, à ruptura. Quando ocorreu a profissão monástica, tive a ruptura com a família e fui para o noviciado. Com a ordenação episcopal, já foi outro momento com relação à família; assim, já era uma convergência. A ordenação episcopal foi uma ruptura muito grande, em relação a tudo aquilo que eu estava vivendo e em relação aos próprios projetos: já tinha chegado a certa missão no mosteiro enquanto abadia e tinha projetos de continuar a construção, de continuar a formação do povo, a presença na cidade, a presença também na diocese. Era um projeto de poder viver a vida cisterciense dentro de uma perspectiva nova também, a presença na cidade, e também a presença na diocese, como, de certa forma, nós temos. Então, foi tudo uma ruptura e me marcou bastante, sem dúvida. A ordenação presbiteral foi realizada na igreja matriz de São Roque, dentro de uma simples cidade bastante grande, em um aconchego muito grande. Já a ordenação episcopal foi em uma quadra de esportes, do clube grande, com muita participação e, ao mesmo tempo, muita emoção.

O senhor já tinha pensado alguma vez, quando começou sua missão como primeiro monge cisterciense brasileiro nato, que se tornaria bispo?

Não.

Nunca tinha pensado?

Eu até achava que isso não ia acontecer. Claro, pelo fato de ter sido coordenador de pastoral, de ter trabalhado com dois bispos, com Dom Tomás e depois com Dom Dadeus, e de ter certa posição na diocese, de serviço, eu ouvia esse comentário, mas dizia: "Estou tranquilo, não estudei em Roma, não tenho doutorado em nada, ninguém vai olhar para mim, estou isento desse problema, não vai acontecer nada comigo nesse sentido". Estava bem tranquilo.

O senhor tinha ciência da missão do bispo? Daquilo que se espera de um bispo, antes de ser bispo, naturalmente. Quando veio a bendita carta, o senhor tinha ideia?

Um pouco, sim, porque, trabalhando com Dom Tomás e Dom Dadeus, bispos bem diferentes, e indo com eles também às assembleias dos bispos do Regional, na época, eu percebia um pouco dessa complexidade do episcopado. Acrescento mais: no encontro de coordenadores de pastoral, trabalhando nas dioceses, tive reuniões; na província eclesiástica de Ribeirão Preto, à qual pertencem São João da Boa Vista e também Rio Preto, eu fui a todas as dioceses para reuniões, para encontros; menos a Rio Preto. Eu até me lembrava depois, quando estava começando a entrar em Rio Preto, de que uma vez tinha ido, se não me engano, a Jales ou a Barretos, coisa assim; passei perto de Rio Preto e disse: "Engraçado, de nossa província eu conheço todas as dioceses, menos Rio Preto". Só fui conhecê-la depois de nomeado bispo. O mesmo aconteceu com Belém. Eu conhecia Manaus, Teresina, São Luís, mas não conhecia Belém.

O que representa um bispo para o povo?

Para o povo o bispo é o responsável de um trabalho pastoral, que tem a preocupação de uma Igreja local e que sabe de sua missão, enquanto apóstolo. Às vezes, é uma compreensão meio longínqua: o bispo é apenas aquele que movimenta os padres, a quem se vai reclamar quando o padre não está bem etc. Outros querem que essa presença do apóstolo seja mais próxima e cobram muito nesse sentido. Então há uma diversidade muito grande de como o povo vê o bispo. Quando eu fui nomeado, quando assumi Rio Preto, como também as demais dioceses, fui ser bispo da forma que achava melhor. Ou seja, de forma que pudesse responder ao chamado da Igreja, como bispo, de estar junto com os sacerdotes e, ao mesmo tempo, junto ao povo em vários tipos de encontros. E, realmente, aos poucos, o povo vai começando a compreender. Em minha experiência pessoal, essa proximidade eu já tinha visto com Dom Tomás Vaquero, com Dom Dadeus também: nas visitas pastorais que faziam às paróquias, tinham essa proximidade. Cada um tinha seu jeito, nessa proximidade do povo, um mais intelectual, outro mais popular etc. Assim, eu vi um pouco, nesse aspecto, a presença do bispo. O povo não tem a compreensão do que seja o sacerdócio, o clero, o bispo;

o povo não tem essa ideia, não tem essa compreensão. É muito mais na prática, de uma pessoa que responde a suas preocupações.

Como foi o início de seu ministério em Rio Preto? Na época, o senhor era bispo de Rio Preto; não era diocese de São José do Rio Preto, que veio depois.

Sim. As cidades do Brasil tiveram, certo tempo, a questão de terem nomes muito parecidos. Você vê muito São José do Rio Pardo, do Rio Preto, São José do Vale do Rio Preto. Houve, então, no começo, uma decisão do governo de colocar nomes indígenas. Isso aconteceu com São José do Rio Pardo, que, por um certo tempo, passou a se chamar Guaciúna; com São José do Rio Preto. Depois voltou o antigo nome, mas São José do Rio Preto passou a ser Rio Preto apenas. A diocese foi criada como Rio Preto, mas era uma incoerência: a cidade era São José do Rio Preto, mas a diocese era Rio Preto, não tinha São José. Então, simplesmente, eu pedi à Santa Sé para a diocese tomar o nome da cidade: diocese de São José do Rio Preto, com seu padroeiro. Foi uma adaptação às mudanças de nomes das cidades e houve vários momentos nesse sentido. Na época, pouco antes também, quando Rio Preto foi criada enquanto cidade, quando começaram as primeiras colonizações lá, naquela região do Estado de São Paulo, os mapas da diocese chegavam até a São Carlos, a Araraquara, àquela região ali. Depois havia um espacinho em branco, onde hoje estão Rio Preto, Jales, Trajano: *terra ignota*. Isso pouco mais de 150 anos atrás. Assim, você vê quantos passos. Hoje São José do Rio Preto é uma capital do Oeste paulista, uma presença muito pungente ali. No início, depois da nomeação e da ordenação episcopal, lá na quadra coberta do estádio do Rio Pardo Futebol Clube, em Rio Pardo, eu celebrei alguns pedidos ali. Tivemos a eleição para o novo abade do mosteiro, em que Dom Edmilson foi eleito; depois foi combinado com o então bispo emérito de Rio Preto, Dom José de Aquino, que eu chegaria em primeiro de maio, no dia de minha posse...

Esse ano era ?

O ano de 1997. Era primeiro de maio, eu chegava de manhã e tomava posse à tarde, às três da tarde. Foi assim que aconteceu...

E entrou no palácio...

Eu saí da cidade de São José do Rio Pardo dia primeiro, de manhã, com minha mudança. Deixei minhas coisas no palácio episcopal e, ao meio-dia, fui para a carreata que me deixou na catedral, para a posse às 15h. Estava muito quente; e a posse foi demorada. Foi uma das primeiras transmissões de posse de bispo que a Rede Vida fez. Um sermão de acolhida feito pelo vigário-geral, bastante grande, quilométrico; ali eu comecei. No dia seguinte, arrumando algumas coisas, já comecei a ver as primeiras questões. Tudo o que estava na organização do bispo anterior continuou, a estrutura da diocese continuou. Assim, foi só entrar e começar os despachos.

Mas houve uma remodelação pastoral grande...

Claro que, com o passar do tempo, fazemos algumas coisas, adaptando outras. Vamos tendo conhecimento do que é necessário. Houve necessidade de adaptar a própria cúria. Não existia a cúria; esta era a casa, era tudo junto. Havia um prédio ao lado, fiz ali então a cúria. Mais tarde, fiz ao lado também o tribunal eclesiástico: foi uma adaptação dos locais. Ao mesmo tempo, a questão pastoral: tínhamos de fazer planos de pastoral, de fazer visitas duas vezes por ano às regiões e escutar o povo, explicar o plano de pastoral. A visita pastoral levava uma semana. Chegava no domingo e saía no domingo. Visitava todas as capelas e comunidades, igrejas e escolas. Passava ali a semana. Foi um momento assim. E a diocese era muito grande; eram quase cem municípios.

O senhor criou a diocese de Catanduva?

Na verdade, não partiu de mim, já existia o projeto de criação da diocese de Catanduva, mas estava ali parado. Então o pessoal de Catanduva pediu para que eu o reabrisse, desse continuidade ao processo, pois eles se responsabilizariam levá-lo em frente e organizá-lo, para que se tornasse diocese, com tudo o que fosse necessário. Então organizaram. E embora faltassem algumas coisas, foi criada a diocese de Catanduva, em tempo recorde, inclusive. Também havia outro projeto, não aberto ainda, de criação da diocese de Votuporanga, outra região da diocese de Rio Preto.

Outro extremo?

Sim, outro extremo. Mas eu quis esperar um pouco, porque a diocese, com Catanduva, perdeu o grande espaço vocacional que tinha. Primeiro a diocese de Rio Preto precisava se recuperar, para depois se criar outra diocese em Votuporanga, porque, na época, a região de Catanduva era a que mais ajudava financeiramente e a que mais vocações tinha, em comparação com outras regiões, já que grande parte das cidades eram pequenas nem sempre tinham muitas possibilidades. Podia-se fazer uma paróquia de duas, três cidades. Hoje, cada cidade quase é uma paróquia. Eu pude percorrer a diocese de norte a sul, leste a oeste, e trabalhar no Regional Sul 1, nessa época. Também trabalhei na comunicação do Regional Sul 1. Foram vários tipos de organização, vários tipos de trabalho. Ia a muitas reuniões em São Paulo, na sede do Regional. Logo depois, comecei também a pertencer ao Conselho da Rede Vida.

Como entra a Rede Vida em sua vida?

A sede da Rede Vida é em Rio Preto. Assim que eu cheguei a Rio Preto, o Conselho de Administração da Rede Vida me chamou para fazer parte. Eu participei um pouco como ouvinte, como extra, e depois me oficializaram, para eu poder fazer parte, por estar ali onde a geradora da Rede Vida, a primeira televisão de inspiração católica que surgiu oficialmente em rede nacional, estava. Já existiam programas católicos na televisão, mas, como rede nacional, foi a Rede

Vida a primeira. Até me lembro de quando, ainda em Rio Pardo, visitando uma cidade vizinha, Caconde, o padre me mostrou, via satélite na época, a estrela da Rede Vida no ar. Ainda não havia programação nenhuma, estava começando: "Vai haver uma televisão católica". E existia a estrela da Rede Vida no ar, mas parada o tempo todo, apenas como imagem *ad experimentum*. A primeira vez que eu vi a imagem da Rede Vida foi na cidade vizinha, no satélite. Depois acabei indo à cidade, à sede, à geradora, e dali para frente comecei a participar; até hoje, eu participo do CONSUP, o Conselho da Rede Vida, para poder servir essa missão. Depois surgiram outras redes: a Rede Canção Nova, a Rede Século 21, a Rede Aparecida, hoje a rede católica da Igreja, a Rede Imaculada. A partir daí, começou essa missão; mesmo quando fui para Belém, a TV Nazaré tinha uma ligação com a Rede Vida. Então, acabei continuando. Vim depois para o Rio de Janeiro, que também tem uma repetidora importante da Rede Vida. Tem uma sede, um estúdio; assim, ainda continuo participando.

Dom Orani, nesse tempo em São José do Rio Preto, a Santa Sé o nomeou administrador apostólico de Claraval. O que significou essa experiência em sua vida? O senhor passava uma parte do mês, alguns dias, em Claraval?

Sim, uma semana. Praticamente uma semana todo mês. Havia a política da Santa Sé de não ter mais abadias territoriais...

Que eram o Rio de Janeiro e Claraval?

Aqui no Brasil, Montserrat, Mosteiro de São Bento (no Rio de Janeiro) e Claraval, em Minas Gerais. Com duas conotações diferentes: aqui o São Bento do Rio era abadia territorial, chamada abadia *nullius*, porque, durante muito tempo, o São Bento foi responsável pelo território do Rio Branco, com as missões do Rio Branco (hoje Roraima). Então, o abade de São Bento provia às missões do Rio Branco. Quando Rio Branco, hoje Estado de Roraima, não mais dependia de São Bento, continuou com o título de abadia territorial aqui no Rio de Janeiro, só que ficava apenas lá no morro de São Bento. Quando a política da Santa Sé foi de, mundo afora, não ter mais abadia territorial, nós, aqui no Brasil, não tivemos grandes problemas, pois São Bento, que era abadia territorial, era só mosteiro, não tinha mais o território de Rio Branco, que não existia mais, inclusive, embora Dom Eusébio tivesse feito vários trabalhos para tentar conservar o título de abadia territorial para o São Bento. E a Abadia Cisterciense de Claraval, no entanto, eram duas cidades. Já era uma pequena diocese mesmo, duas cidades, Claraval e Ibiraci, com muitas capelas rurais, muitos trabalhos assim, em que o abade era o bispo, entre aspas: não era um ordinário, era o ordinário, sem ser bispo. O abade de Claraval era superior do mosteiro, que não era independente, porque não havia monges suficientes, mas era abade devido à pequena diocese, chamada abadia territorial, ou abadia *nullius*. Quando venceu o tempo do abade Carmelo Recchia (que faleceu em 2014, em Roma, na Itália), ele pediu renúncia e não foi feito o processo para sua substituição. E, então, nesse período, enquanto a Santa Sé, não sei o porquê, não quis fechar logo a abadia territorial, foi nomeado outro para ficar como administrador apostólico um certo tempo. Na verdade, não me disseram por que nem para que; deduzi as coisas depois. Assim, a Santa Sé me nomeou administrador apostólico. Tomei posse como administrador e ia todo mês. Passava praticamente uma semana lá; era fácil, saía de Rio Preto, ia até Claraval; dava para ir e voltar de carro. E foi um tempo muito bom: eu, enquanto bispo de Rio Preto, participava do Regional Sul 1, das reuniões e, enquanto administrador de Claraval, participava do Regional Leste 2, lá em Belo Horizonte. Isso me ajudou a ver também tantas diferenças e também belezas, riquezas nos dois regionais da CNBB. A ida à abadia territorial também foi muito boa, porque eram apenas duas cidades; dava para fazer um trabalho pastoral muito fácil, para visitar todas as capelas e celebrar em tudo quanto é lugar. Eu passava uma semana, é verdade, mas todo dia podia celebrar em algum lugar. Ao mesmo tempo, é um lugar de muita piedade popular, muito católico, que me fez muito bem; foi um bom momento! Era um trabalho a mais, era um sacrifício. Eu me lembro que o núncio, quando – por telefone – me nomeou, disse: "Ah, eu vi, vimos aí a distância entre Rio Preto e Claraval e vimos que é possível o senhor ir; então indicamos o senhor para ficar como administrador apostólico". Foi um trabalho muito positivo, muito bom.

O senhor dizia de sua convivência com o Regional Leste 2; o senhor já convivia com Dom Luciano, no CONSUP. Como era essa amizade?

Enquanto nós participamos do CONSUP, que é o Conselho da Rede Vida (ele fazia parte também), ele era sempre o aconselhador, sempre chegava de ônibus, cansado, participava de tudo até o final; depois voltava de novo para sua sede, tinha seus encontros em São Paulo. No Leste 2, foi um pouco menos, porque não dava para eu estar sempre lá. Foi muito mais no CONSUP do que no Regional Leste 2. As reuniões do Regional são muito menos numerosas. Mas, sem dúvida, aprendi a admirar muito Dom Luciano. Lembro-me de algumas coisas interessantes que... As tensões sempre chegam, sempre há momentos difíceis. Lembro-me de tensões, de reuniões, e ele, muito especialista nisso; era sempre o homem dos aconselhamentos, de encontrar caminhos diante das dificuldades que existem, de encontrar o jeito próprio de resolver as questões. E também era uma pessoa muito preocupada com o pobre. Quando ele vinha a São Paulo, tínhamos reuniões; logo depois, à tarde, ele ia ao Arsenal da Esperança, que é um trabalho social que ele começou e ajudava a financiar. Eu me lembro de que, uma vez, eu tive de ir a Roma, não sei por qual motivo; ele me deu um pacote, um dinheiro e disse : "Entregue para o pessoal pobre que vai procurar o senhor em tal lugar". Perguntou onde eu ia ficar. "Vou ficar no mosteiro, na abadia". "Então deixe lá na portaria, que alguém vai buscar". Era uma ajuda para uma pessoa pobre de Roma, também. Eu sabia que ele fazia isso na sede, lá em Mariana, acolhendo os pobres. Era um pouco a tônica dele nas reuniões, era muito isso, essa simplicidade, e a solução de conflitos. Uma espiritualidade muito própria de Dom Luciano, hoje em causa de beatificação.

E sobre Dom Aquino, o que o senhor pode dizer?

Recuperou a diocese de Rio Preto. Ele a pegou em uma situação bastante difícil, econômica e administrativamente, e recuperou-a; fez um belo trabalho e deixou um belo patrimônio na diocese. Ao mesmo tempo, trabalhou para o seminário de Rio Preto, começado por ele. Pediu ajuda para as dioceses italianas, de Pádua principalmente, que ajudaram com professores, com padres que vieram. A questão vocacional teve um grande desenvolvimento. Dom Aquino teve a oportunidade de fazer a nova catedral de Rio Preto. É polêmica a questão, mas, em todo o caso, foi ele quem fez a nova catedral e os trabalhos todos; acho que ele teve uma presença muito grande na região, na cidade de Rio Preto, e a diocese lhe deve muito.

Daquilo que o senhor recorda de sua passagem por São José do Rio Preto, há algo que o marcou ?

Uma das coisas que me marcaram muito e que tenho no coração são as assembleias diocesanas, pastorais e de poder encontrar caminhos para a diocese. Outra coisa são as reuniões por regiões, como nós fazíamos, e as visitas pastorais. E lá eu tive oportunidade de fazer a casa do clero. Nós a iniciamos e a terminamos em um ano; era para o clero idoso, doente, e também um lugar de reunião. Vimos que, juntos, nós conseguimos dar esses passos importantes. Acho que são lembranças muito positivas.

Acho que se esqueceu de dizer que foi o senhor, em seu governo, que conseguiu a concessão das rádios...

Sim. A diocese, no passado, tinha rádio, mas, quando eu cheguei, a sede da rádio era uma escola infantil. A diocese já a tinha vendido, porque, como toda a questão dos meios de comunicação, não dá muito lucro. Diante da necessidade que tinha a diocese de recuperar-se financeiramente, tudo o que não dava lucro e que dava muito prejuízo acabou sendo eliminado. Uma vez recuperada, evidentemente, pudemos assumir novas necessidades. Assim, nós entramos e pedimos a concessão de uma rádio para a diocese e obtivemos. Hoje está lá a rádio da diocese, como um meio de comunicação. Além da rádio ligada à diocese, depois, mais tarde, veio também a Canção Nova, que assumiu uma rádio AM. Ali também há uma presença da Igreja no meio da comunicação, além do jornal da diocese, do site da diocese; quando nós mudamos a cúria de lugar, demos um incremento para a comunicação, na questão do site e das mídias sociais.

E as missas que o senhor celebrava, quando podia, quase sempre, quase semanalmente, na Rede Vida?

Sim, pelo fato de estar morando na sede da Rede Vida, nós aceitamos – o Cláudio Pastro é que foi o grande orientador do Santuário da Vida – e autorizamos fazer a Capela da Vida, Igreja da Vida, que se tornou Santuário da Vida. Ele fica ao lado dos transmissores da Rede Vida e, nele, tem missa diária; inclusive há peregrinações que vão todos os dias ali, para a missa. Estar na sede da televisão tem alguns fatos interessantes. Recordo que um dia eu cheguei de uma celebração, estava bastante gripado, rouco e disse: "vou tomar um remédio e vou dormir logo". Eram umas dez horas, mais ou menos. Passei antes pelo escritório, para ver alguma coisa na internet e despachar algum papel, e tocou o telefone. Era a Lúcia, antiga produtora patrimônio independente: "Escute, o senhor tem de ir à Rede Vida". "Mas fazer o quê?" "Na tribuna". Era o mês de agosto. "Por quê?" "O convidado não veio, perdeu o avião" *(risos)*. "Estou ruim da garganta, como é que eu vou? Falar o quê?" "Não, venha, depois nós resolvemos". Então fui. No caminho, vi que não tinha colocado o colarinho. Telefonei para o padre: "Arranje-me um colarinho, pois eu estou indo para a Rede Vida". O padre chegou com o colarinho. Mas, a cada hora do programa, eu estava com um colarinho diferente. Fui mudando aos poucos, porque eu tinha tomado remédio para a gripe e comecei a suar muito no programa. Comecei: "Bem, estamos no mês de agosto, falando sobre vocação". Houve tanta participação, tantas perguntas... Aparecem coisas assim, você está na sede e tem de substituir alguém com urgência.

Como, então, separar Dom Orani pastor de Dom Orani comunicador, já que essa experiência vem com o senhor, desde o tempo de abade do mosteiro em São José do Rio Pardo, na diocese de São João da Boa Vista?

Creio que nós somos uma pessoa só: o que tem, tem. Cada um tem seus dons, cada um tem sua caminhada. Desde o começo, eu fui levado a entrar um pouco na comunicação: quando fazia slides para as missões, usava o telefone de barbante, fazia os programas das Sextas-Feiras Santas para a Jovem Pan, fazia a comunicação na diocese de São João, onde compramos a Rádio Casa Branca; estivemos ali, eu e outros padres. O padre José Mário, que era o reitor do santuário, foi o grande responsável do financiamento; nós compramos a rádio que até hoje existe em São João da Boa Vista. Assim, a Providência vai nos moldando, modelando-nos naquilo que vai acontecendo. E, nessa questão toda, embora não tenha cursado nenhuma universidade de comunicação, acabei fazendo-a na vida.

Antes de nós "voarmos" para o norte do Brasil, como é que o senhor definiria os fiéis de São José do Rio Preto?

Um povo muito bom, que realmente ama a Igreja, que tem grandes lideranças, grandes trabalhos pastorais e sociais. Realmente, um povo do oeste do Estado de São Paulo, que tem um belo desenvolvimento e que, ao mesmo tempo, tem toda uma preocupação de fazer que sua Igreja cresça, cada vez mais, e caminhe. Acho que encontrei ali realmente um povo, de certa forma, comparado ao resto do país, de recente presença; 150 anos apenas tinha na época; são pessoas muito abertas à evangelização.

Como o senhor recebeu sua nomeação para arcebispo metropolitano de Santa Maria do Grão Pará?

Santa Maria de Belém do Grão Pará. Com muita surpresa. Eu estava muito bem em Rio Preto, muito alegre e tranquilo. Nunca imaginei. Nunca tinha ido a Belém. Nós fizemos algumas experiências missionárias. Em Rio Preto, enviamos dois padres para a diocese de Guajará Mirim, onde cheguei a ir algumas vezes visitá-los. Enviamos seminaristas para a diocese de Tefé, onde também estive; fui ao Amazonas; visitamos vários locais. Na época, era Dom Sérgio, que hoje está em Manaus. Assim, nós tínhamos certa abertura missionária para a Amazônia, toda uma ligação com o interior do médio Solimões, no Estado do Amazonas, e com a divisa do Brasil com a Bolívia, ali em Guajará Mirim; havia todas aquelas questões históricas, que ali existem, com padres e com seminaristas que para lá foram. Inclusive um deles, depois, transferiu-se para lá e hoje é padre na Prelazia de Tefé. Se não me engano, hoje está em Manaus, trabalhando, parece que na questão vocacional. Assim, tínhamos essa ligação toda. Eu tinha ido muitas vezes para a Região Amazônica, na época do mosteiro; tinha passado semanas no sul do Piauí, em Caracol, hoje diocese de São Raimundo Nonato, onde não havia nem água, nem energia elétrica, fazendo um trabalho missionário de um monge. Todos os anos, nós íamos lá para conhecer um pouco do Piauí, aquela região limítrofe, e também o Maranhão; mas ao Pará, a Belém, nunca tinha ido.

Como foi a sua posse em Belém? Foi dia oito de dezembro, na festa da Imaculada Conceição?

Um dia depois do aniversário de minha ordenação presbiteral.

De que ano nós estamos falando?

Estamos em 2004. E até aí, eu nunca tinha ido a Belém. Como já falei, saí da Nunciatura com a nomeação para Belém do Pará. Alguém me telefonou perguntando, na saída da Nunciatura, se eu havia sido nomeado. Mas foi uma surpresa, principalmente para mim, porque não conhecia e não sabia. Depois eu soube, mais tarde, que Dom Vicente Zico – de saudosa memória, grande amigo, falecido em 2014, o qual fundou a Rede Nazaré de televisão – tinha rádio lá e estava na época de fazer sua renúncia por idade. Havia Dom Carlos, que era auxiliar, que foi aquele que ajudou em todo esse trabalho, tanto de novas igrejas como também da comunicação em Belém. Então...

Nós falamos de Dom Carlos Verzeletti, atual bispo de Castanhal?

É justamente dele. Fiquei sabendo que tentaram arranjar um arcebispo que tivesse um perfil capaz de levar para frente tanto as construções das igrejas quanto a questão comunicacional, que ele tinha muito no coração: uma comunicação para toda a Amazônia, toda a rede amazônica, como a TV Nazaré. Então, acabaram achando meu nome, e a Nunciatura fez a consulta e enviou ao Santo Padre, que acabou me nomeando para Santa Maria de Belém do Grão Pará.

Em sua alocução de posse, logo depois da fala do então Núncio Apostólico, hoje Sua Eminência, o cardeal Lorenzo Baldisseri, o senhor dizia da necessidade de três olhares: a importância da evangelização da Amazônia, da religiosidade popular de Nossa Senhora de Nazaré e de mostrar ao mundo as belezas da religiosidade da Amazônia. O que o senhor recorda de sua posse em uma arquidiocese onde ficou cinco anos?

Para a posse, cheguei no dia sete e celebrei inclusive lá no Centro de Cultura. Foram o pessoal de Rio Preto, minha família, o prior de meu mosteiro; foram de ônibus, de São Paulo até Belém. Foi uma viagem interessante. No dia oito, tivemos uma procissão, uma caminhada da residência episcopal até a catedral; fora da catedral, ali na frente, tivemos a posse, o início do trabalho ali em Belém, em um sol bastante quente...

Mas choveu também na caminhada.

Como acontece sempre nessa região, com chuva e sol. Interessante que, sem conhecer Belém, eu não imaginava a cidade como a mais antiga da Região Amazônica. Era uma espécie de primaz da Amazônia o arcebispo de Belém. Desde o Maranhão até as costas da América Espanhola, era antigamente a Arquidiocese de Belém, e tudo dependia dela.

Fazia parte da Província Eclesiástica de Lisboa.

Sim. Inclusive, a Independência do Brasil chegou lá depois. Mais tarde houve o dia da adesão da região de Belém à Independência do Brasil. Existe toda uma história própria, que, pelo fato de não haver comunicação com o resto do Brasil, continuou com um jeito peculiar de ser, porque não havia avião na época nem estradas; era mais fácil chegar o navio à Europa que chegar ao Rio de Janeiro. Então, praticamente, Belém e sua região tinham sua própria cultura, inclusive com suas questões sociais, questões das próprias revoltas populares também etc., como a questão dos franceses que chegaram ali. Eles têm uma história muito própria, da qual, aos poucos, eu fui me inteirando. Devíamos divulgar um pouco mais a questão da religiosidade, do trabalho amazônico; tínhamos agora essa oportunidade. Eu aprendi e conheci o Círio de Nazaré. Eu conhecia de longe, como todos conheciam, no Sul, de uma reportagem rápida na TV ou de uma notícia no jornal - e nós nos propusemos a fazer com que essa beleza, que é o Círio de Nazaré, fosse mais conhecida no Brasil. E justamente nós, da TV Nazaré, em convênio com a Rede Vida, e mais tarde também com outras televisões, começamos a trabalhar um pouco nisso.

Como é que o senhor definiria o Círio de Nazaré para quem não teve a oportunidade de conhecê-lo?

Já existe a música que diz que o Círio não se define, é algo próprio de Belém do Pará, que só se conhece vivenciando. Eu me lembro de que, a primeira vez em que fui ao Círio todo (eu ia sempre a tudo), havia um guarda, que já faleceu e era o chefe dos guardas de Nazaré, que me disse: "O senhor vai conhecer. Vai conhecer 10%, 20%; até terminar o senhor vai conhecer os 100%". Todo o contexto é muito grande, dura um ano a preparação, que, ao mesmo tempo, é primeiro o grande tema de evangelização. Vários bispos que trabalharam nisso foram colocando sua riqueza. Todas as reuniões das famílias e o Círio influenciam a cidade. A cidade se enfeita – os postos de gasolina, os supermercados, as casas comerciais, as residências – com os sinais, os símbolos do Círio. É o dia em que, de certa forma, os paraenses voltam a Belém para viver o Círio. Depois, para estarem juntos com a família, o famoso almoço do Círio, e tudo o mais. Tornou-se uma cultura própria, que marca a vida do paraense e de quem está em Belém. Marcaram-me também outras celebrações, como a de Vigia de Nazaré, que é um pouquinho mais velha que Belém. Essa cidade acabou sendo influenciada por Belém, naquilo que é a cultura do Círio de Nazaré. Para divulgar, nós tínhamos pensado, na época, em levar a imagem peregrina, um pouco do museu do Círio e algumas outras coisas para várias capitais do Brasil.

Foi feito em São Paulo.

Primeiro foi para Brasília, na sede do Congresso Nacional, depois para São Paulo; já foi também, se não me engano, para Belo Horizonte e, no terceiro ano, para o Rio de Janeiro. Sempre o arcebispo de Belém se encarrega de falar com o arcebispo da cidade que vai receber a visita da imagem peregrina e também a exposição do Círio. Em outubro, na época em que as coisas eram decididas, arrumadas, estava já previsto que, depois de Brasília e São Paulo, seria o Rio de Janeiro. Mas antes de falar com Dom Eusébio, eu fui nomeado para o Rio de Janeiro... *(risos)*.

E trouxe o Círio para o Rio de Janeiro?

Já existia o Círio no Rio de Janeiro, na paróquia São Sebastião. Há a paróquia de Nazaré, em Anchieta, há a Vila de Nazaré, onde é hoje a paróquia de nossa Senhora de Nazaré, em Acari. Há uma tradição muito grande dos Círios de Nazaré, embora não apareça muito, por meio dos paraenses que estão no Rio de Janeiro: "Peguei o Ita, no norte, para ir para o Rio morar; adeus Belém do Pará". A imagem peregrina veio, gostaram dela e ela se perpetuou. A única diferença é que no Rio a imagem já existia. Agora temos a divulgação da religiosidade de Belém para o mundo, para o Brasil, tanto mediante os meios de comunicação, como também por meio da visita da imagem peregrina e de uma espécie de museu do Círio em nossas capitais.

Uma pergunta justamente sobre a festa do Círio, que tem essa corda enorme. O que significa?

O Círio tem várias celebrações, várias procissões. A maior é aquela divulgada, que vai, no sábado, do Colégio Gentil para a catedral e, no domingo, da catedral até a Basílica de Nazaré. Essas são as maiores, que juntam dois milhões de pessoas em cada uma dessas idas e vindas. Convencionou-se que a berlinda, o trono que leva Nossa Senhora de Nazaré, fosse puxada por cordas. E por que isso? É muito simples. Na época em que começou a haver o Círio de Nazaré, Belém era uma cidade construída à beira da água, à beira da baía do Guajará e, por onde passava o Círio, era uma região baixa. No horário em que passava o Círio, chovia muito. Era uma época em que não existia asfalto, e o terreno era muito fofo. A carruagem do Círio afundava na lama, afundava na terra. Por isso precisavam de corda para puxar e continuar levando. Hoje não é mais necessário, pois existe asfalto; não é mais o caso. A corda continuou como, nas imagens de São Sebastião, de Santo Antônio, de Nossa Senhora, aquelas fitas que as pessoas beijam, em vários locais do Brasil. Continuou como uma extensão da imagem de Nossa Senhora de Nazaré, para aquelas pessoas que querem pagar suas promessas, estar ali no Círio, com essa cultura de poder pegar a corda, como se fosse a imagem, por meio da corda.

É longa essa corda?

É longa, tem um esquema próprio e, a cada ano, é visto como fazer, porque, evidentemente, para levá-la no meio de tanta gente, tem de haver um esquema muito bom, para não surgir nenhum problema, nenhuma dificuldade. Hoje, é adaptada a maneira de se colocar e de se fazer a corda, para não haver riscos. Também existem as chamadas "lotações", em que os guardas juntam com ferro uma corda à outra, para que se possa puxar realmente, pois é algo bem pesado. As pessoas fazem isso com muita devoção e piedade. Vão a pé, ficam quase espremidas ali na corda. Eu tive a oportunidade de conversar com o povo; eu ia ao centro, junto à berlinda, e a corda em volta. No sábado é mais fácil, porque há menos gente e dá para conversar. No domingo já é mais difícil, mas dá para conversar com as pessoas, até com os jovens, perguntando várias coisas: "Está cansado? Está muito apertado?" "Está sim, mas eu estou feliz, estou contente, quero ficar aqui", respondem. As pessoas vão com suas convicções; às vezes, vão empresários, seminaristas, padres, jovens, idosos, mulheres, crianças, enfim, todo mundo está junto; há diáconos permanentes que vão junto à corda. É uma cultura bem própria da região, cujos padres contam que iam no ombro do pai para ver o Círio. Hoje trazem consigo essa cultura, que vai evangelizando de uma forma diferente. Assim, não é uma procissão, não é uma passeata, é o Círio.

É a expressão da fé do povo...

Sim, embora haja também, por exemplo, a procissão de Nossa Senhora. Mas a procissão da paróquia é uma procissão com andor.

Uma das experiências positivas de seu governo em Belém foi o diálogo com a sociedade e com as culturas, no trabalho de formação, de padre Fabrício. Acho que seria importante ressaltar um pouco isso.

Na verdade, eu encontrei um bom trabalho no Centro de Cultura e Formação Cristã, com o prédio muito bem adaptado, com salões, com salas, com uma boa biblioteca, muito bem atualizada, o qual era o seminário, a escola de filosofia e teologia e o Centro de Cultura. Hoje há a continuidade do trabalho e do Centro de Cultura, trabalho de formação religiosa, tanto para a diocese, com cursos bíblicos, teológicos, cursos para diáconos etc. como também para o diálogo com a cultura. Havia um tipo de filosofia, culturas populares que eles apresentavam. Na época fazia sucesso. Havia também um filósofo ateu, já falecido, que enchia aquele salão enorme de jovens, que se sentavam até no chão para ouvi-lo. Ele era uma pessoa bastante difícil de entender o que falava, mas todo mundo estava ali, escutando um mestre de filosofia. Acho que era um dos únicos filósofos que não era só professor de filosofia, era filósofo mesmo. Assim, em Belém, há esse Centro de Cultura e Formação Cristã, que eu já recebi e realmente levei para frente; um trabalho invejável, muito bem feito. Diga-se de passagem, é uma ideia de Dom Carlos Verzelleti, que depois deu grandes frutos e dá frutos até hoje.

Dom Orani, observamos que o senhor se inseriu até agora em realidades distintas em pouco tempo; como formador, que percorria as realidades rurais de São José do Rio Pardo, como pároco. Depois, em Rio Preto, quando morava lá, o senhor tinha uma presença permanente nas periferias. Não era para tirar foto, pelo contrário, o senhor caminhava com aquelas invasões, com aqueles novos conjuntos habitacionais; ainda não era essa realidade de "minha casa, minha vida", ainda era época do governo Fernando Henrique Cardoso. Também em Belém, o senhor andou pelas palafitas, sempre com um bonezinho pelas ilhas. Então, o que é esse bispo com cheiro de ovelhas?

Um chapéu na cabeça.

Um chapéu na cabeça, sim, solidéu, ou barrete, ou mitra, mas sentindo os arrulhos do povo santo de Deus, que está confiado a seus cuidados.

Não estava usando solidéu; por estar dentro de um barquinho, no meio da água, não havia nem como estar de batina, solidéu e barrete.

Às vezes andava até descalço?

Às vezes. Quando eu fui a primeira vez a uma das ilhas em Belém, o pessoal se assustou. "Mas não sabiam que eu vinha?" disse. "Sabíamos, mas não imaginávamos que era verdade", responderam. Ou seja, o pessoal não imaginava que o arcebispo pudesse ir a uma ilha: foi a primeira vez que o arcebispo foi à ilha em Belém, para poder visitar os fiéis. Visitei várias ilhas de Belém. Eu sempre ficava, assim, muito extasiado de ver aquela imensidão de água; como é que esse pessoal achava as ilhas no meio de tantas outras, e, ao mesmo tempo, achavam o buraquinho para entrar e chegar àquele povoado, porque não existe placa, não existe seta, não existe GPS, não existe nada *(risos)*. São práticos, realmente. Sabiam a hora de entrar em um lugar, por onde passar, porque a maré estava alta, ou também por onde não se podia passar, porque a maré estava baixa; sempre achei muito interessante. Mas isso já começou quando eu era pároco. Recordo-me de que pensei, ao voltar de Divinolândia, cidade vizinha de São José do Rio Pardo, por uma estrada de terra – na época havia asfalto, mas era preciso dar uma volta; por isso eu ia pela estrada de terra, por ser mais curta –: "É... aqui a divisa de Divinolândia com Rio Pardo. Então à direita começa a paróquia São Roque; há uma entrada no meio do mato; deve ser algum lugar, que pertence à paróquia e não deve ter assistência". Eu estava de Volks e desci um barranco, cheio de pedra. Fui descendo e, quando cheguei lá embaixo, havia realmente um povoado ali. Perguntei se sabiam se existia outra entrada para o outro lado etc. "Como é que eu vou sair desse buraco, subir essa estrada de novo, cheia de pedras?" Eu consegui subir de volta. Depois, começamos um trabalho pastoral naquela região. Eu tinha essa preocupação de ir onde o povo estava. Isso aconteceu também quando era pároco, na zona rural – ia a todas as comunidades –, seminarista, religioso, diácono, sendo que, antes de ser diácono, também ia a alguns locais celebrar, algumas fazendas, alguns sítios etc., tendo um pouco essa ligação. Na época de coroinha também, ia com Dom Bonifácio para várias fazendas e vários lugares. Acabávamos descobrindo vários locais que, às vezes, não tinham assistência; assim o pessoal acabava indo à igreja mais próxima. Em Rio Preto, evidentemente, é outra realidade. Rio Preto era mais uma questão dos novos bairros surgindo etc.

O senhor poderia falar de quando andava de carro, via um clarão e pedia ao motorista para parar: "Pare aqui, que vamos andar". Como foi isso em Rio Preto?

Tanto em Rio Preto como em Belém. Às vezes, nós nos perdemos, o motorista se perde; e, na hora em que nos perdemos, achamos muita coisa. Várias vezes o motorista se perdeu em algum lugar e não sabia para que lado ir; é claro, eu tinha a facilidade de estar como carona; assim, eu podia ficar observando e, justamente nessas ocasiões, notava, muitas vezes, que não havia nenhuma referência católica na região. Então, às vezes pedia para parar, ir um pouco a pé; outras vezes ia de carro mesmo e tentava descobrir qual era a paróquia mais próxima, para poder ver como é que funcionava ali, como funcionava a assistência. Eu sempre dizia aos padres: "Vocês têm uma região geográfica pela qual são responsáveis, não podem se contentar só com os que vêm à igreja; vocês têm de ter presença em todo o território paroquial". Mas nem sempre isso acontece. O padre tem tantas coisas, catequese, missa, atendimento, casamento, batizado... acabam nascendo comunidades aqui e acolá e vão ficando sem uma presença maior. Essa deve ser a consciência do padre e também dos leigos, de verem essas necessidades.

Dom Orani, tanto em Belém, como em São José do Rio Preto, até muito mais em São José do Rio Preto, há a valorização do trabalho dos leigos, da liderança leiga. O senhor sempre teve tempo para ouvi-los, tempo para estar com eles, sempre deu atenção aos leigos. No contato, no carinho, no olhar, no gesto, como foi essa experiência nas dioceses por onde o senhor passou, duas como pastor próprio, uma como administrador apostólico e também como bispo?

Eu creio que o contato com os leigos me enriqueceu muito, porque cada um traz experiências. Quando você deixa a pessoa falar e agir, muita coisa boa acontece. Estava me lembrando agora, por exemplo, do trabalho que os diáconos permanentes fizeram lá em Belém. Acabamos constatando, conversando com o povo de uma ilha, e juntando aos poucos as coisas. Alguém dizia assim: "aqui nós não temos água". "Mas como é que não têm água? Estão no meio de uma ilha, que é um lugar de terra cercado de água por todos os lados – e aqui em Belém ainda existe mais, pois chove sempre". "Mas não tem água, tem de buscar água no continente". "Por quê?" "Porque tem ilhas e ilhas, tem ilha que tem terra firme e tem terra mesmo, e tem ilhas que se formam de areia". De fato, eu vi acontecer isso em Belém. Às vezes, íamos a várias ilhas no mesmo lugar; de repente, surgia um lugar por onde o barco não podia passar, pois havia um pouquinho de areia ali. Depois, aquela areia subia e começava a ser uma pequena ilha. Mas é areia: depois as árvores iam nascendo, não sem profundidade, segurando-se entre si pelas raízes. E, claro, a água que estava ali era água salobra, da baía, água ruim, suja. Assim, não existia água potável. A pessoa tinha de ir à cidade. As pessoas faziam as casas em palafitas e depois colocavam as pontes por cima para poderem caminhar, porque embaixo tudo era fofo e acabava afundando; tinha de caminhar por cima. As pessoas faziam equilíbrio. Iam com o filho nos braços, com apenas uma tora redonda para caminhar por cima, para passar de um lado para o outro. "Meu Deus, eu morria de fome, porque não tinha como passar de um lugar para o outro ali", dizia alguém. Assim, eles tinham esse problema; eu me lembro de que, escutando um pouco que eles não tinham água, uma senhora disse que, uma vez, o marido tinha ido pescar, e a água potável chegou ao fim. Ela deixou o finalzinho da água para o filho pequeno e começou a tomar água da baía. Outra vez, alguém tinha ido buscar água no continente e, ao voltar, caiu uma tempestade; para sobreviver, jogou a água fora, para poder aprumar o barco e chegar de novo a casa. "Meu Deus do céu, fui buscar água para a família e não posso nem levar água", disse chorando. Contei isso para os diáconos lá em Belém; havia um que trabalhava nessa área. Ele fez um projeto de água nas ilhas, e até a Campanha da Fraternidade sobre a Amazônia ficou na diocese, como também outras campanhas. Nós começamos a trabalhar nisso e depois cedemos ao governo estadual, para que continuasse. Nós colocamos água em uma ilha e meia, praticamente, com esse projeto. Ali chove muito: então a água da chuva foi canalizada, colocada em caixas d'água, água limpa da chuva. Depois que a chuva limpava o telhado, recolhiam-na. Posteriormente, colocavam em garrafas pet, pintadas de preto de um lado, deixavam ao sol umas oito horas. A água ficava sem nenhuma poluição, nenhum germe; isso examinado pelo laboratório de Belém. Com os filtros, passaram a ter água potável, muito mais limpa que a água da cidade. Vinha a água da chuva... matavam-se os germes com o sol e depois a água passava pelo filtro também. Isso com o financiamento da Campanha da Fraternidade e outras campanhas que se faziam. Depois veio o projeto do banheiro ecológico, que foi o passo seguinte, e acabou acontecendo quando eu já não estava mais em Belém. Havia uma terceira questão com garrafas pet, para facilitar a chegada às ilhas. Havia um pedido ao governo para fazer uma espécie de táxi, de circular, para as ilhas, porque muita gente ficava esperando, na beirada da ilha, passar algum barco, para poder se movimentar, ir até a cidade, até o continente, porque não tinha barco próprio. Ouvi uma vez, visitando uma ilha, ao entrar em uma casa – não havia nada na sala, só uma rede e duas criancinhas pequenininhas, magrinhas, ali no fundo da rede; uma tinha nascido naquela semana –: "Nasceu onde?" "No chão". "Mas por que não levou ao posto de saúde?" "Não tínhamos dinheiro para arranjar um barco para ir até o posto e lá o posto só atende as ilhas duas vezes por semana". E a mãe disse também que não tinha leite. Então nós falamos com a Marinha, por ela ter um navio-hospital; mas não podia chegar perto das ilhas, porque era muito raso. Falamos com os bombeiros para fazer o transporte; tentamos a Marinha, para que ficasse mais ao fundo, e os bombeiros, para que fizessem a parte de ida e vinda, a fim de ajudar nessas questões médicas também. Havia muitos trabalhos nesse sentido, graças ao trabalho dos leigos que falavam e dos outros que juntavam sua sabedoria para fazer as coisas.

Ouvindo o senhor falar dessa realidade, imaginamos que vestiu a camisa da Amazônia, ou da porta da Amazônia, como também é chamado o Pará. Mas depois de São José, ir para Belém... o senhor pensava: "aqui vou terminar meus dias, aqui vou ficar com esse povo?" Sabemos que o senhor é muito amado ali.

Bem, a questão de meu túmulo... há em vários locais. Quando começamos a reforma do mosteiro, em São José do Rio Pardo, uma coisa que fizemos foi a cripta, que está lá, até hoje. Naquela época, eu estava no mosteiro, e ali faleceram alguns monges. Eu me lembro de que, a primeira vez, escavaram um pouco na Matriz São Roque, para poder fazer a cripta, a fim de sepultar o primeiro monge sacerdote que faleceu (Dom Bonifácio) – não havia ainda nem lugar para sepultar os monges no mosteiro, por isso o sepultamos na matriz São Roque, ao lado do mosteiro. Quando o reformamos, fizemos a parte nova, fizemos a cripta. "Bem, aqui já existe um lugar para eu ser sepultado, não preciso mais cavoucar na igreja paroquial, agora já temos a cripta dentro do mosteiro". Quando eu fui para Rio Preto, a cripta de lá já estava pronta...

Está à mostra, você passa e já vê os túmulos dos bispos?

Sim, você passa e está lá o túmulo. Bem, pela contagem, há mais um aqui. Eu vou estar aqui, pensei; tudo bem. Não fiquei lá em Rio Preto. Quando fui para Belém, a catedral estava em reforma; uma tensão, uma dificuldade enorme também na questão da catedral. Eu disse para o coro da catedral: "façam também alguns túmulos, porque a catedral não tem túmulos para bispos e os que existem não são suficientes". Então, na reforma, fizeram-se alguns túmulos, que hoje existem na catedral de Belém; inclusive, Dom Vicente Zico foi sepultado em um deles, ali do lado; assim, qualquer coisa... está garantido meu lugar também lá em Belém, certo?

Antes de falarmos do Rio de Janeiro, deixe-me perguntar mais. Falando de Belém: o senhor sentia, e vou terminar aqui...

Sim, já estava até escolhido o lugar.

Acho que devemos ter uma palavra sobre Dom Vicente Zico.

Dom Joaquim Vicente Zico, realmente, foi um grande bispo. Ele era vicentino, lazarista e me recebeu muito bem em Belém. Moramos juntos. Ele se colocou à disposição para não morar comigo, de não ficar mais lá. "Não, o senhor vai ficar aí, pode ficar até em seu próprio quarto". Existia outro quarto para eu ficar, porque a casa episcopal antiga, em frente à catedral, virou museu. Havia uma casa episcopal em outro local, perto da igreja de Nazaré, e Dom Vicente, muito gentil, acabou cedendo o quarto dele e tudo. Nós moramos juntos, tivemos um bom relacionamento. Ele sempre celebrava lá na residência, para as senhoras; também celebrava fora, fazia crismas. Tinha um trabalho social muito grande. Havia lá um local onde ele sempre ajudou os pobres daquela região, até o fim da vida. Foi um trabalho sem muita divulgação, sem muito conhecimento, sem que ele falasse nada com ninguém. Com aquilo que recebia de aposentadoria, ele ajudava as pessoas. Realmente foi alguém que me edificou muito durante minha presença lá em Belém. Sei que quem me sucedeu, Dom Taveira, também teve com ele um grande relacionamento; foi na época em que ele faleceu. Realmente, acho que era um homem de Deus, que sua vida mereceria ser colocada como exemplo para as pessoas, tanto religiosos (ele foi religioso), como bispos também e arcebispos. Foi alguém muito amado pelo povo de Belém. O povo de Belém tem realmente uma grande consideração por ele.

Antes de voltarmos, ou de viajarmos para o Rio, como é que o senhor definiria os fiéis de Belém?

Tive a oportunidade de me inculturar em uma realidade muito diferente daquela onde nasci, porque, ao ir de Rio Pardo para Rio Preto (São José de rios diferentes), de certa forma eu estava dentro do norte do Estado de São Paulo, por mais diferentes que fossem as tradições: uma era de tradição mais italiana, mais comedida, a outra mais de fundação mineira, outro tipo de realidade; mas era a mesma região do Estado de São Paulo. Em Belém, tive de me inculturar e realmente aprender outra cultura. Até palavras e maneiras de dizer diferentes, para poder me comunicar. E o povo belenense se mostrou muito aberto ao paulista que chegava, porque, evidentemente, eu era alguém que vinha de tão longe, do Sul, do Sudeste, para Belém, e podia haver uma reação contrária, já que eu não era ali da região. Então cabia a mim me inculturar. E aprendi realmente uma cultura muito bonita, feita tanto de religiosidade quanto de músicas, de tradições, de história próprias, que me chamou a atenção durante o tempo em que permaneci em Belém e chama até hoje. Sempre se tem algo novo a aprender, mas o que trago com muito carinho no coração é um povo muito próximo: o povo de Belém; ele mesmo se fazia próximo de você e realmente queria que você se fizesse próximo dele também. Então, essa proximidade, que é muito própria da Região Norte, da região de Belém, fez-me agradecer muito a Deus essa experiência.

Como foi sua nomeação para o Rio de Janeiro? Parece que foi por telefone, não é? Conte-nos.

A primeira foi por carta, a segunda pessoalmente e a terceira por telefone celular. Foi em um sábado. Tinha de fazer uma palestra, participar de um almoço no encontro de casais, em que eu deveria falar sobre como os casais podiam ajudar no plano de pastoral da arquidiocese de Belém. Havia também falecido um diácono, e eu tinha de ir fazer suas exéquias no cemitério. Nós iniciamos o projeto "Belém em missão", como havia sido feito também, em Rio Preto, um trabalho missionário. Abrimos o trabalho "Belém em missão", uma bela celebração no estádio do Mangueirão, à luz de velas, muito interessante. O canto da missão era "Para onde mandar, eu irei". E justamente ali, nesse dia, e, como já disse, chegando ao local da palestra e do almoço, eu recebi da residência o chamado de que o Núncio queria falar comigo e de que eu não devia iniciar a palestra, porque ele iria me telefonar no celular. Então fiquei ali no pátio, fazendo um pouquinho de cena, enquanto esperava para subir para a palestra. O Núncio me telefonou, dizendo-me que eu tinha sido nomeado para o Rio de Janeiro. Falei: "Mas o senhor tem certeza? Faz tão pouco tempo que estou aqui em Belém, mal cheguei, estou trabalhando aqui em Belém. O senhor tem certeza, para o Rio de Janeiro?" "Sim, senhor. O senhor pensa... e depois me dá a resposta por um fax em três ou quatro dias, porque precisamos disso logo". Foi dessa forma que o Núncio me avisou, por telefone.

Mas houve uma condição, porque a nomeação iria sair na quarta-feira de cinzas. O senhor queria que saísse na quinta ou na sexta.

Não fui eu quem fez essa condição. O Núncio estava com tanta pressa, que eu disse: "Avise que não vai ser na quarta, vai sair até sexta". Era o Núncio que estava com pressa.

Mas por que essa pressa?

Ah! Ele é que sabe, eu não sei. Sei que, subindo para fazer a palestra, imaginava: como continuar o trabalho missionário na arquidiocese de Belém com uma nomeação em minha cabeça?

Como foi? Como administrar isso?

Não sei, não sei o que eu falei. Falei do projeto, evidentemente, depois fui ao cemitério para fazer a encomendação. Passou o domingo e só na segunda-feira eu avisei. Acho que foi o Núncio que disse que não dava tempo de sair na quarta e sairia na sexta.

Então, o senhor foi nomeado na mesma semana?

Que eu me lembre, sim, foi assim.

Em seguida, o senhor veio para o Rio visitar os seus antecessores. Como foi essa experiência? Foi a primeira vez que o senhor chegou ao Rio de Janeiro já nomeado. E a única, talvez?

Sim, a única vez. Eu vim aqui, realmente, visitar a arquidiocese; tive um encontro com Dom Eusébio, que foi me receber no aeroporto; depois, um encontro no segundo andar com o conselho de presbíteros, que me apresentou um pouco a arquidiocese. Visitei o edifício João Paulo II, o Palácio São Joaquim, Dom Eugênio e fui para Belém. Depois, voltei no dia da posse...

Dia 19 de abril...

Domingo da Misericórdia.

Domingo da Misericórdia. E como foi o início de seu ministério? A catedral estava lotada, muita gente de Belém chorando, e o povo do Rio dando graças a Deus. O que o senhor lembra daquele dia?

Na escrita, dá-se um jeito de tirar algumas coisas, mas na fala *(risos)*... Realmente foi um dia que tem uma tradição no Rio de Janeiro: o Domingo da Misericórdia, de grande participação na catedral. E esse dia juntou o Domingo da Misericórdia com a posse do novo arcebispo do Rio. Lá estava o Núncio Apostólico. Fui muito bem recebido pelo povo do Rio de Janeiro... Eu me lembro de que estava gripado, com a garganta meio ruim. Inclusive, carregava comigo um remédio, para que, na hora de falar, eu tomasse um pouco para não ficar muito rouco.

Sua posse teve uma novidade. Foi a primeira vez que o senhor tomou posse lendo, porque antes foi muito espontâneo, tanto em Rio Preto quanto em Belém. No Rio foi muito denso seu discurso, lido ao final da celebração. O senhor não tem esse costume de ler, não é?

Muito pouco. Só em algumas ocasiões.

Tudo na cabeça? E depois vai repetindo?

Acho que a leitura tem momento certo para ser feita. Normalmente, em minha cabeça, sempre são dois, três pontos em que eu acabo tocando, de acordo com a situação. Por exemplo, uma missa, as leitura do domingo: eu celebro duas, três missas, mas as leituras são as mesmas; então, o tema eu sei qual é, portanto é só adaptar à realidade e à situação que estão ali. Mas há momentos em que é necessário ler: em alguma palestra, intervenção, em uma coisa muito especializada, para não falar de forma genérica; é preciso falar um pouco o concreto. Quando é liturgia da missa, Palavra de Deus, mais ou menos, tem de estar dentro do coração, realmente.

Antes de voltarmos a sua posse, quando se falava "Rio de Janeiro", o que lhe vinha à cabeça? Para Dom Orani, como era o Rio?

Quando eu fui nomeado?

Antes de o senhor ser nomeado.

Eu conhecia o Rio de Janeiro como qualquer brasileiro conhece. Fui várias vezes ao Rio, a vários cursos, na época de monge, aqui no mosteiro São Bento; em vários momentos eu estive no Rio. Sempre me hospedava no mosteiro São Bento, para encontros, para cursos etc., era mais para isso que eu ia. Não me lembro de que tenha ido por outras questões.

Aos cursos de bispos o senhor vinha.

Sim, mas primeiro aos cursos monásticos no mosteiro. Eu me lembro de que nós fizemos um curso sobre a Regra de São Bento e a Regra do Mestre, que demorou bastante, com especialistas que vieram da França. E, claro, havia aquele curso para os bispos, que até hoje existe, para o qual eu ia, na época de Dom Eugênio; com Dom Eusébio também fui algumas vezes. Quando morava em Belém, tinha um pouco de dificuldade para ir. Ia em momentos assim. Eu conhecia o Rio, claro, ia para algum curso, visitava alguns locais turísticos etc., porém nada mais do que isso. Não conhecia a estrutura da Igreja do Rio, nem sua potencialidade, nem sua realidade. Eu conhecia o Rio por causa de cursos da vida monástica e de bispos, que eu ia fazer, e pelos lugares turísticos. Assim, a estrutura da Igreja eu conheci depois, como arcebispo. Vi a bela estrutura que tem, enquanto organização de vicariatos, de foranias. Vi o trabalho dos bispos auxiliares, que, além de seguirem os vicariatos, seguiram também as pastorais. Eles visitavam toda a arquidiocese e acabavam se entrosando; não ficavam particularizados em uma só região; tinham conhecimento de toda a arquidiocese. Vi todo o trabalho com os vigários episcopais, a tradição que existe desde o tempo de Dom Eugênio, com a presença nas favelas, os trabalhos sociais, a pastoral do menor e as pessoas que trabalham com os refugiados. As pastorais sociais, como a Cáritas, têm bastante ênfase no Rio. São coisas que eu não conhecia, não tinha essa clareza de trabalhos; não sabia que o Rio tinha tanta riqueza histórica e trabalho da Igreja. É riqueza histórica, por ser capital do Império, capital da República, uma cultura muito grande, uma história muito bonita. A Igreja do Rio eu não conhecia como depois passei a conhecer. Creio que agora, com os meios de comunicação, com o jornal, com a questão da televisão, por meio da internet, acaba-se conhecendo um pouco mais.

Como é o Rio de Janeiro hoje na vida do arcebispo Orani João Tempesta?

É uma cidade que tem um povo batalhador, que enfrenta situações difíceis com coragem. Um povo que luta e que quer estar próximo de seus pastores. Por outro lado, uma cidade que tem sua beleza natural, que não se pode contestar. Eu sempre digo que não é em qualquer lugar que se tem o privilégio de ficar congestionado, de ficar parado em uma Lagoa Rodrigo de Freitas, vendo a beleza daquela região, com o Redentor em cima e tudo isso. Não é em qualquer lugar que você pode ficar no congestionamento admirando as belezas da cidade. Mas, ao mesmo tempo, o Rio sofre com a violência, com os desmandos, as dificuldades, que são sérias. São dificuldades históricas, e não são de hoje, são de trinta anos atrás e de difícil solução. A Igreja católica também tem a responsabilidade de tentar encontrar caminhos, junto com o povo, com as autoridades, e soluções duradouras. O que nos preocupa muito são os jovens. Como fazer para que estes nossos jovens que não estão na Igreja, que estão aí praticando atos ilícitos possam encontrar caminhos certos? Para que haja emprego, saúde, estudo, educação para todos? Para que haja um tipo diferente de sociedade, que se construa sem precisar lotar os presídios e as casas de privação de liberdade de menores etc.? Então, o Rio é também uma cidade bastante plural enquanto religiosidade, história; plural enquanto contrários que vivem no mesmo lugar: a beleza e a dificuldade ao mesmo tempo, a religiosidade e certo tipo de indiferença, uma cidade que tem de tudo. Temos uma diocese que tem desde zona rural, com sítios, com pequenas propriedades, com plantação de cultura na terra, com a igrejinha no meio, com lugares muito apertados, com as favelas, a lugares mais ricos, chiques e históricos. Existe de tudo no Rio de Janeiro.

Um pensador recente, um antropólogo, disse recentemente que o senhor é o mais carioca de todos os bispos do Rio de Janeiro. A que o senhor atribui isso?

Não sei se eu mereço tal título; aproveito a oportunidade para agradecer. Peço a Deus para eu ser, que me ajude. Coloquei em minha cabeça, quando eu saí de minha cidade, São José do Rio Pardo, que, para onde eu fosse, eu ia viver como um habitante daquela cidade; no caso, como rio-pretense, durante o tempo em que estive em Rio Preto. Vivi também como alguém de Belém, com toda a sua realidade e com tudo aquilo que é ser paraense, inclusive cantando o hino do estado e da cidade. Agora sou carioca.

O senhor sabe cantar o hino do Rio de Janeiro?

Da cidade, sim.

O que o senhor mais gosta de fazer na cidade de São Sebastião do Rio de Janeiro, em seu cotidiano?

Creio que visitar as paróquias. Nesses dias, os seminaristas estavam dizendo que a época do Círio, a época da trezena de São Sebastião (o Círio é um pouquinho menos; a trezena de São Sebastião é feita muitas) é um tempo em que se cansa fisicamente, mas se descansa no Senhor, porque é uma visita às comunidades, às capelas, ao povo e se faz um trabalho missionário de evangelização, de falar do tema do ano; é uma missão popular. Isso faz muito bem, encontrar-se com as pessoas, poder falar das coisas de Deus e escutar também muita coisa bonita; isso me dá muita alegria.

O dia típico de Dom Orani?

Não há um dia típico.

O senhor acorda às quatro horas da manhã todos os dias?

Sim, mas cada dia tenho compromissos diferentes.

Poderíamos resumir os dias de Dom Orani assim: segunda-feira é um dia para as coisas externas; terça-feira, de manhã, é um dia para os bispos auxiliares do governo da diocese, à tarde, para as comunicações; quarta-feira é um dia de atendimento; quinta-feira, reunião com os bispos auxiliares; sexta-feira... a partir da quinta à noite já começam as romarias pelas paróquias e, no fim de semana, o corre-corre de atendimentos pastorais, com a delicadeza de separar as tardes do domingo para visitar os doentes. É assim?

É, na verdade, isso genericamente, mas na prática nem sempre é assim, pois sempre aparecem coisas diferentes, horários diferentes também.

Quem é que cuida de sua agenda?

Uma parte, eu mesmo a faço. Outra, há no gabinete uma pessoa que recebe todas as solicitações, todos os pedidos etc. e vê onde existe espaço para colocar a audiência, a celebração da missa. Quando não consegue, vem atrás de mim para poder dar um jeito de resolver e achar um espaço. Há uma pessoa encarregada, porque realmente são muitos os pedidos, muita coisa. Então, há alguém encarregado de receber todas as solicitações; como a agenda é on-line, tanto ele pode mudar, como também eu posso mudar e colocar novos compromissos. Qualquer um que tem acesso pode mudar...

Todo mundo fica monitorando a agenda, vigiando?

Ela sai depois publicada no jornal da arquidiocese.

Sai antes.

Claro que sai naquilo que é possível, não sai o nome de pessoas e tudo o mais.

Dom Orani, gostaríamos de falar um pouco de sua proximidade das pessoas, como bispo. O senhor inovou no Rio de Janeiro, dando abertura para que o povo tivesse acesso a seu bispo. Quando andamos com o senhor, as pessoas gritam: "Dom Orani, Dom Orani!" Mas, antes de falarmos dessa proximidade... Tivemos a oportunidade, antes da JMJ, de conversar com o prefeito e com o governador do Rio, e eles nos disseram: "Quando há um problema na cidade, no Rio de Janeiro, e chega uma autoridade, Dom Orani já passou por lá antes que as autoridades chegassem". E falavam das autoridades locais. Disseram ainda que o senhor é um grande estímulo nesse sentido, porque, se Dom Orani chegou primeiro, ele já sabe o que está acontecendo e nós temos de resolver os problemas.

Esse fato de o senhor estar acompanhando o povo e entrando nessa ótica de que o povo reconhece no senhor um ponto de referência o que é que muda na vida de um pastor?

Eu gostaria mesmo de que todos os problemas que eu vi fossem resolvidos. Só que nem sempre eles se resolvem. Ultimamente, são muitos os problemas que têm aparecido no país, na cidade, muitas dificuldades devido à questão da crise econômica etc. Sinto com o povo suas dificuldades, comparecemos, estamos juntos e sabemos que nem sempre existe solução. É uma questão de desemprego, outra é questão de não assistência à saúde, falta de escola; são várias situações. A violência, que é muito grande, tem aumentado muito. Então, claro que isso tudo constatamos e sentimos com as pessoas; mas sabemos que não temos como resolver tudo. De algumas coisas fazemos referência, sim, às autoridades, cobramos as autoridades. Hoje temos whatsapp, por meio do qual podemos falar, mandar recados etc., e as autoridades têm sido bastante abertas em responder àquilo que receberam, pelo menos. É claro que o diálogo, tanto com o povo quanto com as autoridades, tem nos ajudado muito. Um exemplo foi justamente com o novo BRT, a transolímpica, que, ao passar por Deodoro, ia derrubar umas duas mil casas, mais ou menos; duas mil habitações tinham de ser demolidas, e as pessoas deviam mudar de lugar. O povo se revoltou, conversou e tudo o mais. Ali estava o povo, a Igreja, ali em Deodoro. Foi uma conversa longa entre o padre local, que nos ajudou muito, padre Núbio, batalhador na construção do bairro, e as autoridades. A prefeitura aceitou mudar o itinerário do BRT. A paróquia aceitou deixar derrubar a casa paroquial e também o salão, a sala de catequese, com o compromisso de refazerem em outro lugar próximo. O exército aceitou doar uma parte do terreno grande que tinha. Assim não derrubaram nenhuma casa, apenas dois, três locais alugados, que eram comércio. A passagem do BRT não derrubou casa nenhuma, o exército construiu agora habitações para as Olimpíadas, que ficaram para aumentar o número de habitantes ao invés de diminuir, e a paróquia ganhou locais novos, porque o que foi derrubado ficou novo agora.

Dom Orani, com sua ajuda muitas coisas se resolvem...

Nem sempre dá certo.

Mas, na maioria das vezes, reclamar ao bispo do Rio de Janeiro funciona... Quais são os desafios de uma metrópole tão multifacetada, com praia, mar, floresta? Como entra a Laudato si neste seu ministério? O senhor fala muito da Laudato si, como o próprio papa Francisco. Ela se aplica tanto em todas as suas realidades no Rio de Janeiro?

Sim. Por um lado, nós temos a maior floresta urbana do mundo. Graças a Dom Pedro II, todo o cafezal ali foi replantado enquanto floresta; temos isso hoje e se conserva muito bem. Por outro lado, porém – eu já me referi a isso nas reuniões junto com os vigários episcopais e com os bispos – há situações e regiões da cidade que não têm árvores, só têm casa, concreto, tijolos etc. Fizemos um projeto para o plantio de árvores. Em algumas paróquias, conseguiram plantar muitas árvores na beira dos córregos e também pelas ruas. Nesses dias, um padre me dizia que há uma pessoa que sai todo dia de manhã plantando árvores, também no meio de duas avenidas. Porém, há uma poluição muito grande dos valões. Visitando uma comunidade na região da Tijuca, onde estava o representante da prefeitura, vi que reclamavam da sujeira do valão. Ele se comprometeu, por meio da prefeitura, a limpar. Mas eu disse o seguinte: "Todos devem se comprometer a não sujar mais, a não jogar sofá, mesa, garrafa pet dentro do valão; não adianta limpar hoje e sujar amanhã". Assim, muitas vezes, têm de trabalhar tanto os poderes públicos quanto a população. A Igreja está um pouco nesse meio tempo. No caso do Jardim Maravilha, que teve enchente e muita gente perdeu tudo, ao falarem com o prefeito, ele disse: "Não, o problema é que construíram um bairro abaixo do nível da água da baía; quando chove e as águas sobem, o rio não tem vazão para a baía e se abre ali. Todo mundo tem de se mudar, porque não há como resolver o problema; basta a baía se encher de água e chover, a água se espalha". Mas prometeu que ia ajudar, que ia dar um jeito de asfaltar melhor, como realmente um pouquinho aconteceu. Às vezes, algumas coisas têm solução, outras vezes não.

Muitas pessoas acham que o senhor sobe às favelas porque é cardeal. Isso é mentira! Prova disso é que, no dia em que tornou-se cardeal, o senhor estava subindo às favelas na hora em que saiu a comunicação. O senhor tinha celebrado cedo na Glória. É um homem das favelas, que sobe às comunidades, conhecido como aquele que está com o povo. Para o senhor, que conhece essas realidades, quem são os habitantes das favelas e onde a Igreja se encontra nelas?

Desde a época de Dom Eugênio, o trabalho nas favelas é preferencial. Dom Eugênio dava uma orientação para os párocos: "Vocês podem tirar uma missa da matriz para celebrar uma missa na favela, caso não haja outra possibilidade, mas não deixem nunca faltar a presença nas favelas". E sabemos, também, que, quando o papa São João Paulo II visitou a favela do Vidigal, havia uma controvérsia muito grande de terrenos; com a visita do papa, estabilizou-se. Até hoje há um trabalho ali. Ora, as favelas do Rio de Janeiro estão em quase todas as paróquias. São raríssimas as paróquias que não têm favelas.

Como o senhor definiria as favelas?

Na verdade, hoje a favela se chama comunidade, porque favela é normalmente um lugar onde muitas pessoas residem, fazem suas casas, invadem, não têm documento de propriedade. Agora, embora hoje alguns possuam documentos de propriedade, ao mesmo tempo, cada um constrói conforme sua possibilidade; não existe, assim, um projeto, um planejamento. Depois vem a sociedade, as autoridades, para colocar energia elétrica, água, para não deixar faltar essas necessidades. Mais tarde, constroem-se também escolas, posto policial etc. Dessa forma surgem as favelas, que se encontram tanto em morros, como em baixadas.

Elas existem também na planície, não só na vertical.

Sim.

Portanto, cada paróquia tem uma favela.

Quase todas. Hoje, talvez, naquela região da Barra, Recreio, pode ser que existam algumas paróquias que talvez não tenham favelas; mas essas paróquias, por consciência, fazem trabalhos sociais em outras, para ajudar as que necessitam, inclusive as que não têm esse problema social. Diferentemente de outras cidades, que têm o centro bem arrumado e ao redor têm justamente as favelas, no Rio, não, elas todas estão misturadas no mesmo lugar.

Como é essa convivência do planejado com aquilo que vai sendo feito em torno dessas comunidades?

O povo que reside nas favelas é um povo bom, religioso, trabalhador, que participa. Muitos moram na favela, porque é mais próxima do trabalho. Hoje, existe bilhete integrado: você pode vir de longe com um único bilhete, chegar e não pagar o dobro. Mas nem sempre isso dá muito certo, quando é necessário outro tipo de transporte, como o metrô, que não entra nessa questão, ou o trem. Assim, a favela acaba sendo uma necessidade, para você morar perto do emprego, sem precisar fazer e pagar grandes deslocamentos. Todas as regiões do Rio têm as favelas, nesse sentido. Em geral acontece isso. Embora nem sempre seja só por isso: às vezes, as pessoas vêm para o Rio, não têm onde morar e acabam encontrando um lugar mais barato, na favela, para construírem a casa aos poucos etc. E cada um constrói e aluga por laje: laje de um, laje de outro; assim vão subindo as lajes. O povo, em geral, é muito bom e sofrido, porque nós sabemos que muitas regiões do Rio têm as facções que dominam as favelas. Também há alguns locais que não são favelas e são dominados por um grupo pequeno. Enfim, as pessoas que moram na favela, em geral, são pessoas trabalhadoras e boas, que são confundidas com a violência; mas a violência é de uma minoria, que, pela força das armas, acaba cooptando alguns, por questão da droga, das armas etc. e, muitas vezes, tira-lhes a liberdade...

São reféns dessa violência?

Um pouco sim, um pouco não. Alguns também se acham até protegidos por esse grupo. Não são só reféns, como também acham que têm mais segurança, porque aqueles que dominam dão também segurança, vendem segurança. Então, é uma coisa que não se resolve assim tão facilmente.

O senhor acha que um dia as favelas vão acabar no Rio de Janeiro?

Eu creio que não. Creio que o que tem de ser feito é o Estado tomar conta do espaço e urbanizar melhor aquilo que existe, porque são situações às quais as pessoas já se acostumaram. Existe uma lei estadual pela qual, se você for retirar alguém, tem de deslocar para as proximidades de onde essa pessoa está, de onde estava antes, para que ela não tenha grandes distâncias de suas amizades. Isso é uma coisa que faz parte da cultura carioca: fazer ali sua vida, suas amizades etc., sendo contemplado por lei.

O símbolo do Rio de Janeiro é o Cristo, sempre representado e emoldurado pelas favelas. Para subir ao Cristo, passamos pelas favelas. O homem não pode ficar indiferente ao irmão que sofre, que morre de fome, que passa por necessidade; são essas pessoas que, muitas vezes, são vítimas da violência. Como arcebispo, como o senhor vê isso?

Na verdade, quem mora na favela não é quem está passando fome. Temos regiões de IDH baixo, mas temos nas favelas pessoas que trabalham, têm sua vida, seu churrasquinho com cerveja aos domingos, sua alimentação. Nem sempre se pode confundir favela com miséria. Ali moram pessoas que têm trabalho, uma certa dignidade também, têm de tudo. Agora, existem regiões, sim, em que o IDH é muito baixo. Então se passam necessidades, há mais problemas com os moradores de rua, o pessoal da Cracolândia. Ali existem dificuldades mais complexas, mas a favela não pode ser confundida apenas com violência, porque ali mora muita gente boa. Não se pode confundir morar ali com passar fome, porque existe gente que tem trabalho e vive com dignidade. Porém, evidentemente, ao ir para o Cristo Redentor, passamos por muitas regiões e, aos pés do Redentor, há várias favelas; entretanto, temos de olhar todo o Rio, como se vê do Redentor, e contemplar todas as realidades que existem. Saber que existem muitas periferias existenciais, tanto ricas como pobres, como também violência, além de situações complexas que, enquanto Igreja, somos chamados a contemplar. Nesse sentido, a arquidiocese tem muitos trabalhos, mas são insuficientes para tanta coisa.

O senhor já fez várias experiências dentro do Rio de Janeiro, inclusive foi assaltado duas vezes. Como foi a experiência?

Bom, na verdade não assaltaram o cardeal, assaltaram o que passava por ali naquele momento...

Não sabiam que era o senhor?

... que, por acaso, era o cardeal *(risos)*. Na verdade, foram três. Não sabiam que eu ia passar. Na primeira vez, fecharam-nos, e, quando eu desci do carro e me viram, disseram que tinha sido apenas um acidente, e não aconteceu nada. Na segunda vez, fecharam-nos, e fui assaltado.

Acabaram, depois, devolvendo algumas coisas, porque o pessoal da comunidade correu atrás; assim restituíram alguns objetos. E, na terceira vez, eu estava de carro com o motorista. Vimos pessoas saírem do carro, com arma na mão, e a colocarem na cabeça, mandarem-nos virar o rosto para não vermos quem estava ali. É uma violência, fomos revistados, arrancaram nossas coisas. Mas, por outro lado, vejo como certa responsabilidade: quantos jovens estão ali com armas na mão e com um certo rancor! Não sei como dizer, rancor em seu coração para fazer tal coisa, porque, para poder fazer isso, têm de ter certa ferocidade. E nós não conseguimos evangelizá-los, para poderem ser pessoas que vivam com dignidade, com seu trabalho, seu dia a dia. Dá certa dor ver, justamente, nossa juventude perdida. E, depois, quando percebemos, eram todos jovens entre 15, 16, 17 anos... ali, parados e fechados..., alguns com olhos de rancor, outros com olhos de medo. Vemos que é uma sociedade que necessita de uma cura, que nós somos uma sociedade doente, doentia, e que não é só o Rio de Janeiro; esse é o mundo de hoje, o Brasil, de uma maneira especial. O Rio é o reflexo do Brasil, uma sociedade doente, que perdeu valores e, ao mesmo tempo, desorganizou-se financeiramente. E as pessoas acabam apelando para isso, vivendo uma vida à margem. Sabem que a vida assim será curta, e que não vão usufruir daquilo que roubaram. Acabam terminando logo sua vida e causando mal aos outros. Essa é uma cidade que tem de ser reconstruída.

O senhor não tem medo de viver no Rio de Janeiro, essa sua resposta foi bem eloquente. O senhor vive no Rio de Janeiro, o Rio de Janeiro é seu.

Sim, sim.

Voltou ao local do assalto. Tem medo? Falando em medo, o senhor vai à Cracolândia sempre? Tem medo?

Não tenho medo, inclusive passei várias vezes pelo mesmo local do assalto. Eu me lembro de quando, depois do último assalto, eu e o motorista tivemos de ir àquela região. Ele disse: "Eu não vou passar pela Rua Goiás". "Não, pode passar, o raio não tem de cair duas vezes no mesmo lugar; não há nenhum problema. Embora seja uma região tida como perigosa, pode passar, normalmente; não há nenhuma dificuldade". Então, já passei várias vezes pelo mesmo lugar e nada aconteceu depois. Podia ter acontecido também, não sei. São coisas que lastimo: ver nossa juventude perdida e com a vida deste jeito, marginalizada, destinada à prisão, privação de liberdade até a morte, quando podia ter uma vida com mais utilidade. É nossa responsabilidade. A mesma coisa são esses locais onde se consomem drogas, que são muito mutáveis, dependem da polícia, um pouco das facilidades etc. Quando vejo uma pessoa que passa o dia todo com uma latinha, cheirando craque e vendendo alguma coisa para poder comprar o craque de cada dia, pergunto: "Qual a razão de sua vida? Como vive? E por que chega a esse ponto de dependência?" E não é simples tirá-los dali. Lembro-me de uma senhora que, no Natal, no almoço ou no jantar, aceitou sair dali e ir para um lugar de recuperação. Eu fiquei feliz. Depois, na festa de São Sebastião, na trezena, fui visitar tal lugar de recuperação e ela estava lá, recuperando-se. Depois, na Páscoa, eu vi que ela voltou, porque tinha cinco filhos para cuidar e o marido não estava dando conta, então não tinha como continuar. É o instinto materno misturado, ao mesmo tempo, com a dependência. Como resolver essa equação complexa?

O que dizem quando chega um cardeal para almoçar com eles, para estar com eles, qual é a reação deles?

A reação depende um pouco das pessoas, de quem são. Alguns pedem uma bênção, alguns vêm pedir alguma coisa, uma roupa, uma necessidade qualquer, outros vêm contar um pouco sua história. Houve um que veio pedir uma bênção. Ele veio do local onde o pessoal vive com a droga. "Está bem, vou lhe dar a bênção, disse, mas você não quer sair dali?" Ele ficou quieto. Não quis conversar sobre querer sair da droga. Então, são situações difíceis. Da penúltima vez em que estive na Cracolândia e pude visitar um pouco mais, encontrei pessoas que ficam muito machucadas pela vida e também por brigas. Querem que faça uma oração por elas. Sabemos que a oração que fazemos tem seu resultado, mas é preciso uma proximidade maior, que o cardeal não pode ter, pois deveria estar sempre ali. Existem as comunidades que ficam sempre, que visitam, fazem amizade, vão conquistando a confiança e, aos poucos, ajudam as pessoas. É um trabalho muito difícil.

A Igreja está presente em todas as comunidades do Rio de Janeiro?

Está presente. Poderia estar mais ainda, com a perseverança. Temos muitos grupos de novas comunidades, de religiosas, grupos de recuperação. A última vez, na Páscoa, quando eu estive, havia mais ou menos dez ou quinze grupos diferentes trabalhando juntos. Um era de recuperação, outro, de moradores de rua; um trabalhava com crianças, outro era das irmãs de Madre Teresa, que trabalhavam com os pobres; vários tipos de grupos trabalhando juntos, tentando se ajudar mutuamente.

Mas, Dom Orani, no Ano da Misericórdia, o trabalho com os dependentes químicos é apenas 1% do muito que a diocese faz, com a experiência do Banco da Providência. Como foi essa ideia de Dom Helder, como ela funciona até hoje e qual a capilaridade dela; é uma presença eloquente na arquidiocese?

Sim. Nós temos realmente muitos trabalhos nas paróquias, como creches, trabalhos sociais, tanto paroquiais como religiosos, e muitas escolas católicas também, com trabalhos sociais muito grandes. E da arquidiocese temos a Cáritas Arquidiocesana, cujo trabalho mais visível é com os refugiados, inclusive vindos do Oriente. E há o trabalho com o Banco da Providência, fundado por Dom Helder. O Banco da Providência é sustentado tanto por patrocínios como também pela Feira da Providência.

Cinquenta anos.

Todo ano se realiza lá no Rio Centro, com a venda de muitas coisas. O Banco tem um trabalho de promoção, de recuperação de drogados, como também de formação de pessoas. Possui trabalhos muito variados e vários núcleos espalhados. O Banco da Providência é um modelo organizado de recuperação, e muito bem planejado. Tem um total de financiamento vindo da Feira da Providência e assim vai destinando, para o ano de trabalho, um tanto para a recuperação, um tanto para a formação, um tanto para as oficinas; enfim, depende de cada situação.

É um trabalho do qual não se faz publicidade. A presença da Igreja católica, no Rio, no setor da educação, saúde e na assistência social, é maior do que a do Estado e do Município. Concorda, Dom Orani?

É uma presença muito grande. Se juntarmos o Banco da Providência, a Cáritas Metropolitana, as paróquias, com suas creches, os trabalhos sociais, as casas religiosas, que também têm os trabalhos sociais mais diversos, as escolas católicas e os católicos que se organizam para muitas coisas, se conseguirmos juntar isso tudo, é um trabalho muito grande.

Dom Orani, uma pergunta que ainda não fizemos, sobre um de seus antecessores. Quem foi o cardeal Eugênio de Araújo Sales?

Dom Eugênio marcou a diocese com sua presença. Até hoje, nas conversas com os sacerdotes, com os padres, todos se lembram com muito carinho de Dom Eugênio. Ele tinha uma presença muito grande na diocese, mas também muito próxima dos sacerdotes. Na época da repressão militar no Brasil, ele trabalhou muito, acolhendo as pessoas e levando-as para o aeroporto. Inclusive contam vários ex-assessores seus, que trabalhavam com ele, alguns padres também, na época seminaristas, que pegavam a túnica para dizer que iam para uma celebração, mas, na realidade, estavam levando, com seu próprio carro, pessoas para o aeroporto, para salvá-las. Pessoas que estavam sendo perseguidas pelos militares. E ele dizia aos militares por telefone que ia fazer isso e que não era para incomodá-lo. Foi um trabalho que não apareceu muito, mas ele fez muito nesse sentido. Não conseguiu tudo, todas as coisas, mas trabalhou muito. Não há muita documentação, porque não se permitiam fotografias nem documentos com relação a isso. Ouve-se isso das testemunhas que trabalharam com Dom Eugênio. Além disso, o trabalho nas favelas e todo o trabalho que se organizou nasceram com ele, inclusive a ida do papa João Paulo II à favela, que foi um marco em relação a isso. A pastoral do menor é outro trabalho que Dom Eugênio levou adiante e até hoje continua aí. Além disso, levou para frente o que Dom Helder fundou, o Banco da Providência, a que deu continuidade. Enfim, trabalhos sociais muito intensos, além, evidentemente, do trabalho das pastorais, os planos de pastorais da arquidiocese e uma presença junto às autoridades, com responsabilidade, liberdade, junto aos meios de comunicação. Ele começou seu trabalho de comunicação, fazendo programas de televisão, escrevendo também para os jornais; trabalhou muito na área de comunicação.

Às vezes não é comentado, esconde-se isso, mas a Campanha da Fraternidade nasceu de uma intuição, de um trabalho pioneiro de Dom Eugênio, no Rio Grande do Norte.

Sim. Tanto as CEBs quanto a Campanha da Fraternidade começaram com Dom Eugênio, mas não aqui no Rio de Janeiro. Isso foi lá no Rio Grande do Norte. Quando estava lá, ele começou também um trabalho com as emissoras de rádio, que ensinavam, alfabetizavam, por meio do rádio. Ele trabalhou muito nesse aspecto. Começou a Campanha da Fraternidade ali e depois foi para o Brasil todo. As comunidades eclesiais de base também começaram com Dom Eugênio, nessa época, quando ele era bispo no Rio Grande do Norte.

Seu antecessor imediato foi o cardeal Eusébio...

Sim. Dom Eusébio marcou a cidade do Rio de Janeiro por sua cultura teológica. Alguém com uma cultura muito grande na área da teologia, do ensino e, ao mesmo tempo, alguém que foi uma transição muito importante, depois de tantos anos com Dom Eugênio. Dom Eusébio levou para frente os trabalhos e também procurou dar sua parcela de contribuição à pastoral, às assembleias pastorais etc. Ele realmente marcou por sua presença a cidade e a arquidiocese. Também foi um grande arcebispo.

Mais duas perguntas que estão ligadas. Como deve ser a convivência de um bispo diocesano com o bispo emérito, e como o senhor insere seus bispos auxiliares eméritos no colégio de bispos e de governo da diocese?

Bem, minha experiência com bispo emérito começou em Rio Preto, com Dom José de Aquino Pereira. Ele foi morar em uma casa própria, depois que eu cheguei lá. Não morava na mesma residência. Foi uma opção dele. Já havia uma casa que ele tinha feito para isso. Foi uma convivência muito fraterna, muito tranquila, algumas visitas. Ele vinha à cúria, eu ia também algumas vezes à residência. Fizemos também algumas concelebrações. Dom Aquino era um pouco mais restrito, mais fechado, mas muito disponível. Sempre servia vinho do Porto nas visitas que fazia a ele. Com Dom Vicente Zico, moramos juntos na mesma casa. Ele tinha toda a liberdade de entrar em meu quarto e pegar livros; fazia as coisas quando não me achava. Um bom diálogo; sempre estávamos juntos no almoço, jantar, em comum. Festejávamos juntos as grandes celebrações. Toda vez que participava comigo das celebrações, eu sempre lhe dava a palavra. Ele sempre tinha um momento para poder expressar aquilo que quisesse. Sempre teve essa oportunidade, tanto na concelebração, como também quando ele presidia sozinho as celebrações. E, aqui no Rio de Janeiro, Dom Eusébio não morava mais aqui; ele tinha feito já a opção de morar em São José dos Campos. Algumas vezes eu o visitei lá e outras ele esteve aqui. Na convivência com Dom Eugênio, ele morava no Sumaré. As visitas foram mais fáceis. Ele já estava fragilizado pela idade, mas tivemos a oportunidade de nos encontrarmos sempre em visitas e em algumas consultas também. Depois, com os bispos eméritos auxiliares, uma vez que se tornaram eméritos, eles não têm uma função de responsabilidade, de jurisdição, de tomar conta de uma região do vicariato, mas assumem outras responsabilidades dentro da diocese e participam das reuniões, tanto as de terça quanto as de quinta-feira, quando querem dar sua opinião.

É fácil ser bispo hoje?

Nunca foi fácil. Se olharmos um pouco a história da Igreja, sempre houve dificuldades, sempre houve muita gente que rejeitou o episcopado e não quis saber de assumir essa responsabilidade. Nunca foi fácil, e hoje, com esse mundo plural, difícil e crítico, sem dúvida, é difícil. Supõe uma luz muito grande, para poder encontrar os caminhos e as soluções.

Um capítulo à parte foi receber Francisco. A Jornada Mundial da Juventude no Rio de Janeiro foi uma escolha do papa Bento XVI. De repente, recebe Francisco. Partimos desse momento, quando o Rio de Janeiro foi escolhido por Bento XVI.

Assim que cheguei ao Rio de Janeiro, havia a proposta de uma Jornada Mundial da Juventude no Brasil e das cidades que se candidatariam. Perguntei, durante a reunião de vigários episcopais e bispos, sobre essa possibilidade. Foi então feita uma consulta com quem tinha essa responsabilidade de conciliar. É uma questão pastoral e ali aceitaram que podíamos nos candidatar. Nós nos candidatamos, então, para sediar a Jornada. Foi feito um vídeo promocional da Jornada para nos candidatar. Colocamos para a CNBB e enviamos também para o Pontifício Conselho para os Leigos essa candidatura. Enviamos também um dossiê com tudo aquilo que se podia fazer e uma carta de recomendação, inclusive muito bonita, de Dom Eugênio de Araújo Sales, falando e recomendando a Jornada no Rio de Janeiro. O Pontifício Conselho apresentou, então, ao Santo Padre, e escolheram o Brasil para a próxima Jornada e o Rio de Janeiro como sede. E tudo foi preparado para o papa Bento XVI. Já tínhamos dado grandes passos, o local da Jornada nos primeiros dias seria justamente Copacabana e os últimos dias seriam na Base Aérea de Santa Cruz. Todos os planejamentos, até financeiros, muito bem executados e as reformas, em São Joaquim, onde se imaginava que Bento XVI ficaria, já que, na época, Dom Eugênio estava lá no Sumaré, foram feitas. Achamos que não seria o caso de mudar Dom Eugênio de lugar. Adaptamos as coisas para Bento XVI: mudamos o local, escritório, portas, segundo as exigências da assessoria do Vaticano. Foi mais ou menos assim. Então fomos surpreendidos, no dia de Nossa Senhora de Lourdes, em 2013, quando o papa Bento renunciou; passamos a esperar o novo Papa. Houve toda a preocupação da imprensa sobre a questão: vai ou não vai haver Jornada. Bem, os papas sempre seguem o que o antecessor deixou programado e nunca faltou Papa na Jornada, foi o que nós respondemos a isso tudo. Nesse ínterim, um pouco antes da renúncia de Bento XVI, aconteceu também de a presidente da república retirar a autorização de fazer o final da Jornada na Base Aérea de Santa Cruz, cujo planejamento já estava todo organizado e cujos trabalhos já estavam iniciados. Pedi ao prefeito para indicar um novo local. Ele acabou indicando Guaratiba, que não tinha a mesma estrutura de Santa Cruz. A Base Aérea tinha já parte asfaltada, havia uma garagem enorme, que daria uma grande sacristia. Tudo o que nós tínhamos planejado caiu, então, por terra, e tivemos de fazer todo um planejamento que não estava previsto em Guaratiba. Depois, com todas as necessárias adaptações, acabou não acontecendo em Guaratiba, devido à chuva. Foi uma despesa não prevista: a mudança de Santa Cruz para Guaratiba, com toda a infraestrutura necessária e que não estava na previsão orçamentária da Jornada. Com a renúncia de Bento XVI, na expectativa do papa Francisco, fomos várias vezes a Roma, esperando seu pronunciamento. Quando ele confirmou que viria, começamos a planejar. Nesse ínterim, faleceu Dom Eugênio; optamos, então, por fazer a residência do Papa onde tinha sido a residência de João Paulo II por duas vezes: a residência do Sumaré. E o local da cúria, com todos os acenos do Papa, seria o centro de estudos do Sumaré, que foi também adaptado para ele. E, em São Joaquim, onde seria apenas lugar de passagem do Papa, ele ficou e passou, duas vezes, para um pequeno repouso, enquanto estava em atividades na região do Rio de Janeiro.

O Papa chega. Temos um colapso, porque as televisões do mundo inteiro viram o carro muito simples. Ninguém imaginava que o Papa estaria em um carrinho, branco e espremido entre as pessoas. O que aconteceu?

Na verdade, tem toda uma pré-história. O planejamento da Jornada foi muito difícil. As autoridades brasileiras colocaram muitas exigências, muitas questões de prevenção de acidentes, de grades, de não deixar o Papa andar em um carro aberto. Havia dificuldade de autorizar o Papa ir de papamóvel aberto pela Av. Atlântica, para chegar a Copacabana, porque podia haver alguém lá nos prédios etc., dificuldade de ele ir da Tijuca em carro aberto; houve muitas situações. E, assim, quando chegou a notícia de que o Papa escolhera o papamóvel aberto, sem nenhuma proteção, eu recebi um telefonema da presidente da república, que pediu para que eu fosse a Roma convencer o Papa de que viesse de carro fechado e disse que mandariam buscá-lo. Quem sou eu para mudar a opinião do Papa? O Papa quer vir em carro aberto, vamos aceitar assim mesmo. Houve, então, muitas questões de responsabilidades. Havia a intervenção do Governo Federal, Estadual, Municipal, junto à comissão da Jornada, junto à arquidiocese. Nesse ínterim, escolheram para a escolta do Papa a Polícia Rodoviária Federal. Compraram novas motos, novos carros etc., que até foram abençoados no São Joaquim. Mas trouxeram pessoas do Brasil todo para cuidarem, para serem a escolta do Papa, as quais não conheciam o Rio de Janeiro. Então, na hora da chegada do Papa ao aeroporto, ao ir para o Centro, pela Presidente Vargas, a Polícia Rodoviária Federal errou por não entrar pela rua, pela abertura que estava ali. Entraram justamente onde estava parado o trânsito. Essa foi a única pergunta que o papa Bento XVI me fez sobre o Rio de Janeiro, sobre a Jornada: "O que vocês fizeram com o Papa na chegada?", quando me encontrei com ele depois, para agradecer-lhe a Jornada...

Naturalmente, ele estava seguindo...

Ele devia estar vendo pela televisão. Mas há males que vêm para o bem. Houve uma quebra de gelo, e viram que o Papa, longe de se esquivar, abriu a janela, conversou com o povo e manifestou aquilo que faria em toda a Jornada e em todo o seu pontificado: ficar nos braços do povo. Ele demonstrou que estava realmente longe de ter medo do povo, queria estar junto ao povo.

No encontro que o senhor teve naqueles dias com o papa Francisco, o que ele dizia do Rio, dos jovens? Alguma coisa em particular que lhe chamou atenção?

Ele fazia poucos comentários sobre os acontecimentos, algumas perguntas sobre se, em algumas falas feitas em um momento, precisava esclarecer o que tinha dito etc. Ao mesmo tempo, revelava sua alegria de estar na Jornada. Havia muito assunto próprio da Cúria Romana, que ele tinha de resolver nas refeições, no café da manhã, no almoço, no jantar, no momento em que se fazia a programação com ele: aonde iria, a que horas ia sair, o que ia acontecer. Cada dia assim. O que eu notei de muito interessante foi justamente a devoção dele. Quando o levava de helicóptero ou de carro do Sumaré para o Forte de Copacabana, ao passar pelo Redentor, sempre rezava; olhava e ficava rezando um pouco de tempo. No mais, as conversas giravam em torno de temas gerais: evangelização, missão da Igreja no mundo, problemas que se vivem etc. Ele não tecia um comentário particular sobre um assunto, o jovem, e tal, mesmo porque o contato dele era muito mais genérico com a juventude, passando com o papamóvel e tudo o mais.

Antes de trazer para Copacabana os jovens, tudo estava disposto para Guaratiba...

Era, para o sábado e o domingo.

Tudo devia ser feito antes da vigília, depois a missa de envio.

Nunca houve tanto frio e chuva no Rio de Janeiro como naqueles dias. Todo mundo imaginava que faria calor, porque o Rio de Janeiro é tropical, e sempre o é, mas o frio que fez naqueles dias e a chuva nunca tinham acontecido antes.

O que aconteceu? Como é que se chegou à decisão de trazer os jovens para Copacabana?

Foi naqueles dias mesmo. Eu estava ocupado com o Papa; os bispos auxiliares estavam tomando conta disso e me disseram que não seria possível fazer em Guaratiba, porque a chuva era muito grande e a água que estava ali não ia secar a tempo de o pessoal chegar, mesmo que parasse de chover. Nesse ínterim, eu recebi um comunicado, por meio de carta, do Ministério Público, dizendo que não autorizavam a entrada de crianças e idosos, porque era perigoso, por causa do barro. Assim, havia tanto as autoridades proibindo, como também a constatação de que era impossível que secasse a tempo. Eu não fui ver, porque estava com o Santo Padre, mas quem viu disse que havia muita água. Claro que, depois do caso passado, vieram dizer que já se sabia que ia ser assim, mas ninguém falou disso antes.

Quem é que tomou a decisão de levar tudo para Copacabana? A Jornada contraiu uma dívida, porque tudo o que estava em Copacabana teve de ser alugado para dois dias, já que não havia possibilidade de trazer o que estava em Guaratiba...

O palco e todas as coisas que estavam lá em Guaratiba não havia como levar para Copacabana. E os contratos... já havia dívidas, devido à mudança de Santa Cruz para Guaratiba. Essa foi a grande dívida: fazer infraestrutura em Guaratiba. Mas também tivemos os contratos que se encerravam na sexta-feira: todos os contratos de palco, de som, de imagem, de tudo terminavam na sexta-feira. Sábado e domingo não havia nada mais contratado. Então, tivemos de recontratar tudo. É claro que, ao recontratar, de última hora, não recontratamos mais com as condições favoráveis de quem contrata com anos de antecedência. Tivemos de refazer muita coisa, que foi feita para o dia, para Copacabana. Alguma coisa conseguimos levar de Guaratiba, como o altar, mas aquilo que fazia parte da estrutura grande do palco, toda a estrutura de comunicação, salas das comunicações, lugar da descida do helicóptero da Presidente, tudo o mais, não. Foi uma dívida perdida que ficou lá em Guaratiba.

Dom Orani, o Governo Federal se comprometeu em pagar a alimentação da JMJ. O que aconteceu, pagou ou não pagou?

Não. Na verdade, quando voltaram atrás na concessão para usar a base aérea de Santa Cruz, que a presidente já havia dado, disseram que nós teríamos as mesmas condições no outro lugar, que fosse cedido pelo prefeito, e que podíamos ficar tranquilos quanto a tê-las. Claro que o orçamento estava previsto para Santa Cruz. Ao chegar a época de se fazer a estrutura em Guaratiba, para o lugar que o prefeito escolheu com sua assessoria, aprovado também por nossa assessoria, viu-se que seriam necessárias várias infraestruturas não previstas. Eles disseram: "Podem fazer, que depois nós garantimos, porque a mudança de lugar foi de nossa responsabilidade". Mas é claro que isso nunca aconteceu, e veio o déficit da Jornada, que foi gerado, mas foi sendo ressarcido; há um bom tempo vai sendo administrado.

Ok.

Porém foi um déficit financeiro que, na questão de evangelização e de missão, é muito compensador. O trabalho missionário de evangelização foi muito maior do que aquilo que se poderia fazer, se fôssemos pagar toda a transmissão de televisão, toda a presença mundial, pelos meios de comunicação. Nós teríamos de gastar muito mais.

E o Papa se preocupou com isso.

Sim. O Papa perguntou a meu bispo auxiliar, que tomava conta disso, o que tinha acontecido e ajudou.

A noite da vigília foi um momento inesquecível, porque nós vimos um exército de jovens, que invadiram o Rio de Janeiro, ganharam-no mais do que invadiram e passaram uma noite em Copacabana. Tivemos a possibilidade de passar durante a noite e ver os jovens de todas as partes do mundo, do Brasil inteiro, que estavam ali. E, naquela noite, havia o silêncio, no qual se podiam ouvir as ondas do mar, quando o Santo Padre falava, quando se rezava. Como é que foi aquela noite?

Estava prevista para ser feita a peregrinação. Faz parte da Jornada a peregrinação no sábado, ir ao local da vigília, onde os jovens dormem e ficam para a missa do domingo, celebração de envio da Jornada. Em vez de ir a Guaratiba, na última hora o local foi mudado; então vieram para Copacabana. E a beleza dos jovens vindo a pé, de metrô, de trem, de ônibus, foi realmente um espetáculo que marcou também o Rio de Janeiro...

Espetáculo já visto na sexta-feira, com a via-sacra.

Vimos nesses dias todos. E o interessante foi o seguinte: quando falamos com as autoridades municipais sobre fazer em Copacabana, disseram que não saberiam se as associações de moradores daquela região iriam concordar em fazer esses dias todos ali, em fechar

Copacabana. Disseram que, no fim de semana, de jeito nenhum, porque iriam reclamar demais. E o que nós vimos foi exatamente o contrário. O povo de Copacabana de tal maneira gostou dos jovens, da Jornada, que não só os acolheram, como também os ajudaram no fim de semana a mais, sábado e domingo. Não reclamaram de ficarem com dificuldade para entrar e sair de suas casas, de seus apartamentos. Muito pelo contrário, alguns até trouxeram cobertores de casa, levaram cafezinho para os jovens, acolheram-nos com muito carinho. E os jovens deram sinais também, deixando os trens, os metrôs limpos. A praia de Copacabana, depois, no final, com a limpeza, mostrou o jeito ordeiro do jovem cristão católico ir para Jornada Mundial da Juventude. Você falou bem dessa peregrinação, com toda a adaptação, de dar o kit de alimentação para o sábado, para o domingo, para o pessoal que se adaptou. Nesse ponto, nosso louvor para toda a organização que se adaptou, como ninguém, a uma nova realidade, para realizar o espetáculo da noite de sábado e também do domingo. E, como você bem salientou, milhões de jovens que ali estavam souberam escutar o Santo Padre e fazer silêncio. Acho que Copacabana é uma praia muito movimentada, sempre há muita gente ali, indo e vindo, com música, meios de comunicação, futebol. Eu vejo que nunca antes se teriam ouvido as ondas do mar de Copacabana, a não ser na vigília na Jornada Mundial da Juventude. Porque, mesmo para quem sempre esteve em Copacabana, de longe, ouvir as ondas do mar, é meio difícil, pois há muito barulho e muita coisa que acontece no dia a dia; apareceu um pouco a diferença de quem tem um coração que busca o Senhor.

Os jovens ganharam o Rio...

Os jovens ganharam o Rio de Janeiro, e o Rio de Janeiro ganhou uma cor diferente com os jovens do mundo inteiro. Os jovens marcaram muito o Rio, até hoje. Quando eu visito as paróquias, elas contam que os jovens voltam para visitá-las; alguns, inclusive, casaram-se com pessoas da Jornada. Alguns das paróquias também vão visitar os jovens lá em seus países. Estabeleceu-se uma certa unidade, e as paróquias ficaram marcadas, porque tiveram criatividade, quando muita coisa mudou de última hora. Era programado só um dia para os jovens estarem em uma paróquia, mas tiveram de permanecer nela, e isso não estava previsto. Adaptaram-se, encontraram lugares etc., diante das mudanças. Foi realmente um momento em que nós vimos essa criatividade; e tanto os padres como também o povo souberam como ninguém dar esse passo.

Em uma palavra, como é que o senhor resumiria a JMJ do Rio de Janeiro?

Deus agiu em meio a nós e fez maravilhas.

Eminência, qual a sensação de ter saído do leste de São Paulo e vir como arcebispo do Rio de Janeiro? Um monge cisterciense, da diocese de São João da Boa Vista, ser conhecido como o cardeal das favelas? Como o homem de vermelho sobe às favelas?

Na verdade, eu saí do leste paulista, de onde saiu também outro cardeal, Dom Sebastião Leme. Nossas cidades, que ofereceram dois cardeais para o Rio de Janeiro, ficam próximas, (São José do Rio Pardo e Espírito Santo do Pinhal); ambas agora da diocese de São João da Vista. Do leste paulista fui para o noroeste, para São José do Rio Preto. Então, eu vim do leste paulista, de onde veio Dom Leme, que era de Espírito Santo do Pinhal. Ele fez grandes realizações aqui no Rio de Janeiro, como a criação da PUC. A construção do Cristo Redentor foi também um trabalho muito grande de Dom Leme, que fez grandes realizações. Depois, quem subia muito às favelas era Dom Jaime de Barros Câmara, que, como eu, veio de Belém para o Rio de Janeiro. Dom Jaime tinha um pouco o estilo de ir às favelas, mas também ir às periferias passar o tempo; chegava de surpresa ao seminário e dava aula aos seminaristas. Também interrompia a aula que estavam tendo e a continuava. Dom Jaime tinha essa presença muito marcante. Ele foi arcebispo de Belém. Assim, eu tenho dois predecessores que marcaram a história do Rio e têm uma ligação com o lugar de onde eu vim, tanto Dom Leme, pelo fato de ser da mesma região, hoje diocese de São João da Boa Vista, na época arquidiocese de Ribeirão Preto, como Dom Jaime, que veio de Belém e passou por lá também: cada um com sua característica. Creio que é uma grande responsabilidade, devido a meus grandes predecessores que marcaram a história do Rio de Janeiro. É claro que os tempos são outros, há uma diversidade; a Igreja nos pede um aspecto diferenciado hoje na evangelização, um tempo de mudança, nas transformações, de tal forma que a Igreja possa ser cada vez mais uma presença próxima do povo. E eu entrei para evangelizar nessas transformações todas que temos e para levar para frente – acho que foi uma missão que eu tive no Rio – todas aquelas realizações que meus antecessores tiveram, tudo aquilo que fizeram. Tenho a missão de continuar levando adiante e fazer crescer e, ao mesmo o tempo, enfrentar novos desafios e encontrar novas soluções também. A favela não é nenhuma dificuldade, porque ali também existe uma paróquia, uma capela. Visitar o povo, a comunidade faz parte da missão do bispo, de ir ao encontro das pessoas.

Fazemos um salto para trás. O senhor já citou como é que recebeu suas nomeações ou a notícia delas. Recebeu a notícia, por meio da Rádio Vaticano, de que estava na lista dos próximos cardeais que estavam sendo criados. Em que o senhor pensou nesse momento?

Acho que não tive que pensar em quase nada. Estava muito distraído, estava escutando o *Angelus*, estava preocupado com o próximo momento da trezena de São Sebastião, o próximo passo. É sempre uma tradição escutar o *Angelus*, ou pela televisão ou pelo aplicativo. E exatamente na hora em que foi anunciado, os seminaristas que estavam atrás logo fizeram festa. Imediatamente começaram a chegar mensagens, uma atrás da outra, no celular, e não houve tempo nem para saber quais eram os outros cardeais, porque o aplicativo parou, ficou tudo congestionado. Logo a imprensa começou a telefonar, para saber onde eu estava, para dar entrevista. Acho que não houve muito tempo de pensar sobre o assunto, foi uma emoção muito grande. Fim de tanta fofoca de que seria ou não cardeal. Eu não estava com nenhuma expectativa nem sabia se ia realmente acontecer. Foi aquilo que eu disse logo na primeira entrevista: que mais do que minha pessoa, era o Rio de Janeiro que era homenageado nessa missão, nesse trabalho, que é um serviço, porque, de certa forma, era uma expectativa dos cariocas, já que meus antecessores eram cardeais. Para mim, evidentemente, é gratificante saber que é uma decisão livre do Santo Padre. Assim, eu não tinha essa preocupação, mas sei que o Rio de Janeiro esperava, tinha essa expectativa. Por isso, eu disse que meu cardinalato era do povo do Rio de Janeiro e da expectativa que eles tinham de que seu arcebispo se tornasse cardeal. Para mim, pessoalmente, é uma responsabilidade a que o Santo Padre me convida e para a qual me convocou; é também uma grande responsabilidade para com a Igreja presente no mundo inteiro, de poder estar presente no Consistório, dar opinião, participar das congregações romanas etc. Passa-se a ter uma visão global, geral, embora eu já tivesse antes, mas agora com certa responsabilidade decisória ou indicativa daquilo que a Igreja vai resolvendo pelo mundo afora.

Por que o senhor acha que o papa Francisco o escolheu, no meio de tantos outros possíveis candidatos?

Não tenho ideia; nunca perguntei a ele qual foi a razão. Talvez se pudesse imaginar que o Rio tradicionalmente teve a sede cardinalícia, mas sabemos que o papa Francisco não se atém a isso.

Exatamente.

Ele pode muito bem escolher cardeais em sedes não cardinalícias, onde nunca houve cardeal. Então, talvez por ter estado aqui na Jornada, ter conhecido o Rio, ter vivido aqui esse tempo...

O que significa ser cardeal?

Alguém que o Papa escolheu como seu conselheiro, para estar próximo dele e, ao mesmo tempo, para ter uma responsabilidade na Igreja Universal, Igreja mundial; tem a missão de estar junto do Santo Padre para as conversas e decisões. Claro que não são apenas os cardeais – mas, evidentemente, de maneira especial, temos a missão de ser os responsáveis no governo da Igreja. São responsabilidades enormes que o cardeal carrega nas costas, pois além de bispo, arcebispo, ele é visto como "cardeal", que, de certa forma, fala em nome da Igreja; e sua fala tem peso.

Que peso tem em sua vida esse título?

O primeiro é que eu tenho de viajar mais a Roma, para reuniões nas congregações romanas, para celebrar e tudo o mais; isso me tira um pouco mais da arquidiocese. Outro, justamente, são as responsabilidades às quais eu sempre sou chamado: a imprensa. A imprensa me chama em situações às vezes complexas, difíceis, para dar opinião. Sei que minha opinião vai refletir não apenas o que eu pessoalmente penso, mas também a presença da Igreja naquela situação especial. Portanto, tudo tem de ser muito bem pensado, refletido. É algo que vai além de minha convicção, daquilo que realmente tenho para dizer em um mundo em mudança. Ao mesmo tempo, preciso fazer-me entender em um mundo que nem sempre entende nossa linguagem.

Qual é a missão do cardeal João Tempesta O. Cist.?

A de todos os cardeais: assessorar o Santo Padre, estar como Igreja servindo e mostrando os caminhos, estar presente naquilo de que a Igreja está necessitando hoje.

Como cardeal, algum dia inesquecível?

Creio que o dia em que o Papa me criou como cardeal. Foi um dia que me marcou, devido às circunstâncias. Foi inesperado, pois sempre se dizia que a Nunciatura comunicaria algo assim. Aliás, até mesmo o Núncio me perguntou como foi a consulta, porque a carta de consulta não passou por ele. Mas não houve carta de consulta, não houve nada. O Núncio me perguntou se chegou por telefone, carta direta. "Não, eu disse ao senhor Núncio, escutei pelo rádio, não houve nenhuma carta". Até hoje o Núncio imagina ter havido outro meio que não o rádio, porque achou estranho o modo como aconteceu a nomeação. Assim, foi um dia inesperado, inesquecível, que realmente marcou a vida, porque acabei tendo uma responsabilidade a mais e passei a ter essa grande e importante missão. Outro foi o dia da recepção em Roma. Naquela missa, tive a alegria de cumprimentar Bento XVI, a quem tanto devo, e a oportunidade de estar com o Santo Padre Francisco; depois, o encontro com todas as pessoas conhecidas do Brasil e também da Itália, que foram para os cumprimentos. Um momento muito interessante, realmente, de ver os relacionamentos que se tornam possíveis. Também vi ali, nos cumprimentos no dia da recepção do barrete cardinalício, as pessoas de minha família italiana, que não vejo com tanta facilidade. Nas vezes em que visitei a terra onde meu pai nasceu, eu me encontrei com uma ou duas famílias; mas naquele dia veio uma delegação da região, com muita gente. Então, são situações muito inusitadas. Eu não os aguardava, não os esperava, mas eles fizeram o sacrifício de sair de sua cidade, vieram para a celebração e depois para os cumprimentos.

Na entrega do barrete, esteve presente a então presidente da república Dilma Roussef. Não seria esse o reconhecimento da importância da Igreja do Rio?

Eu agradeço muito a presença dela; inclusive, a presidente Dilma esteve na recepção realizada na embaixada, cumprimentou o embaixador do Brasil junto à Santa Sé e todas as pessoas que ali estavam. Realmente, foi uma deferência muito grande, que agradeço.

A Serva de Deus, Dona Lourdinha Fontão, alguma vez, na década de 1980, disse que o senhor seria bispo e.... papa?

Dona Lourdinha Fontão faleceu ao voltar para São José do Rio Pardo, em um acidente que houve no Vale do Paraíba. Ela ficou hospitalizada em Atibaia e faleceu dois dias depois do acidente, 18 de julho de 1988. Tive tempo de estar com ela e administrar-lhe o viático. O bispo de São João da Boa Vista, naquela época, o saudoso Dom Tomás Vaquero, solicitou que seu corpo fosse sepultado na igreja de Nossa Senhora de Loreto, que ela erguera. Seu velório, feito na matriz da paróquia de São Roque, ao lado de meu mosteiro, com missas de hora em hora, foi uma verdadeira Páscoa, e de lá até o Loreto o cortejo seguiu em procissão. Foi um grande momento ver toda uma população, que a admirava muito e que tinha em Lourdinha Fontão um grande exemplo de evangelização. Dom Tomás, já idoso, fez questão de acompanhar a pé os vários quilômetros do percurso, passando por ruas centrais da cidade de São José do Rio Pardo, até o Jardim Aeroporto, na igreja de Nossa Senhora de Loreto, onde ela foi sepultada. Em sua homilia, Dom Tomás chegou a dizer que naquela igreja não estava sendo sepultado simplesmente o corpo de uma senhora que construiu uma capela, mas as relíquias de uma santa... Ela está em processo de beatificação; é Serva de Deus desde 16 de outubro de 2014.

Quem foi a Serva de Deus Dona Lourdinha Fontão?

Eu conheci Maria de Lourdes Benedita Nogueira Fontão, Lourdinha Fontão, na paróquia de São Roque, em São José do Rio Pardo. Grande colaboradora da paróquia, ao mesmo tempo grande missionária, era uma antiga professora aposentada, evangelizadora e animada como Igreja. Preocupada sempre com a evangelização, com a missão, com a conversão, ajudou-nos muito. No trabalho de evangelização, dedicou-se a fundar comunidades, construir capelas, como, por exemplo, a igreja de Nossa Senhora de Loreto. Tinha uma presença muito grande na sociedade, levando muitas pessoas a participarem e caminharem como Igreja. Era uma leiga casada e mãe e participativa de tudo o que fazia parte da Igreja; grande entusiasta da missão evangelizadora na paróquia de São Roque e também na diocese de São João da Boa Vista, SP. Dinamizava a Semana da Família, com 2.000 pessoas, em uma quadra coberta. Ajudou muito o mosteiro, a paróquia, a diocese. Os que estão trabalhando em seu processo de beatificação têm conservadas centenas de correspondências que trocava com autoridades civis e religiosas, sempre evangelizando, conciliando. Uma mulher de comunhão.

E os movimentos na vida da Igreja, naquele tempo?

Tive oportunidade de participar dos diversos movimentos de minha época, tanto de formação no mosteiro, na paróquia, no tempo da teologia, como também de padre. Estava sempre aberto a todas as áreas de espiritualidade que iam surgindo, além daquelas tradicionais que já encontrei na paróquia, como Congregação Mariana, Cruzada Eucarística, os jovens das pastorais etc. Tive a oportunidade de me encontrar com os Focolari, já que meu antecessor na paróquia, padre Agostinho, era bastante focolarino e tinha um irmão focolarino. Também tive a oportunidade de fazer parte, desde o início, da Primeira Comunidade do Caminho Neocatecumenal da paróquia, em 1975, recém-ordenado. Além do mais, havia a Renovação Carismática: junto com os carismáticos, criamos oportunidades de caminhar juntos e poder viver as primeiras experiências, não só ali na cidade, mas também em outros locais do Brasil, participando de vários tipos de encontros. Enfim, foram esses os movimentos que foram surgindo, além daqueles que já existiam. Fomos, ao mesmo tempo, abrindo caminhos, conhecendo as novas realidades que temos hoje na Igreja. Vejo tudo isso como ação do Espírito Santo. E, quando ele vai discernindo os caminhos e aprovando, cabe a nós estarmos presentes, caminharmos juntos e ajudarmos, para crescermos na fé e sermos grandes evangelizadores.

Não sei se o senhor já parou para pensar, mas, em um futuro eventual conclave, o senhor é um votante e alguém que pode ser votado. Já parou para pensar nisso alguma vez?

Muitos já me perguntaram sobre isso, já me falaram disso. Eu não costumo pensar muito. Se eu estiver vivo, evidentemente, se no futuro... Não sei se vou estar vivo! Eu serei um votante, mas espero que não seja votado.

Mas se acontecer alguma coisa de diferente...

(risos) Não vai acontecer. Isso está fora de cogitação.

Terceira Parte

O PENSAMENTO

Terceira Parte

Quem é Deus para Orani João Tempesta?

Aquele que é a razão do meu próprio viver. Realmente, o fato de ter saído de casa, deixado a família, consagrando-me à vida sacerdotal e religiosa, aceitado depois o episcopado e, na Igreja, exercer a missão universal como cardeal, de ter um trabalho à frente de uma diocese enorme como esta, nada disso teria sentido, se eu realmente não tivesse esse relacionamento com Deus, do qual ouço a voz que vem pela Palavra, pela Escritura, pelos acontecimentos. Se eu não falasse com Ele, minha vida não teria razão de ser, não teria sentido. Ele é essa presença que me acompanha desde meu nascimento. Espero que eu possa sempre corresponder a essa presença em minha vida, presença que não é apenas uma conclusão lógica da necessidade de existir, uma razão da existência do cosmo, mas é alguém que existe, antes, acima e além de tudo; um Deus pessoal, que se revelou como Trindade e me criou dessa forma.

O que dizer a quem diz que Deus não existe?

Existe um ditado que diz que qualquer coisa que você disser a alguém, nesse sentido, a pessoa não vai se convencer apenas por meio de argumentações. Na verdade, creio que, diante das pessoas que dizem que Deus não existe, são a presença e o testemunho que vão falar. Podemos até falar e fazer arrazoados, como nós temos na filosofia, na própria teologia, grandes arrazoados na questão da existência de Deus, mas vemos que a razão serve para quem crê, ajuda a firmar ainda mais essa presença de Deus na própria vida. Quem não crê sempre vai negar. Tem de ver sinais, exemplos, gente que assim viva, para que possa se perguntar por que as pessoas vivem assim.

No Antigo Testamento se fala muito de Javé: Javé é o mesmo Deus do Novo Testamento? Porque a impressão que se tem, lendo o Antigo Testamento, é que se fala de um Deus que quer sempre sacrifícios, quer sangue, e no Novo Testamento temos o amor e o perdão. Então, como ver esses dois conceitos de Deus, ou o único Deus, em dois períodos do homem?

A Revelação vai acontecendo aos poucos para o povo do Antigo Testamento e se plenifica no Novo Testamento. Encontramos um Deus misericordioso, que tem entranhas de mãe, que vai ao encontro da esposa que o traiu, como seu povo, que o abandonou; um Deus que vai buscar seu povo que está escravo no Egito ou que está exilado na Babilônia. Nós encontramos essa face de Deus misericordioso, de um Deus amor, já no Antigo Testamento. Às vezes existem esses paradigmas, que se colocam como se houvesse uma contradição entre Antigo e Novo Testamento. Há, sim, claro, revelação progressiva, que vai se plenificando, porque Cristo é a Revelação plena. A questão do Deus que julga, que também quer sacrifício é apenas uma faceta de um Deus que vai se revelando e que realmente vem trazer a vida para as pessoas.

Eminência, Deus criou o homem e a mulher. E o mal de onde vem?

A Revelação nos fala com muita clareza que houve a rebelião no céu, e o anjo Lúcifer não quis obedecer. Começa então a se precipitar para o inferno, a existir toda essa situação de tentação, que depois a filosofia vai chamar de ausência; ausência do bem, de Deus, que é, no fundo, o mal personificado em Lúcifer, anjo decaído. Será essa ausência da bondade, do amor de Deus a criar o mal, a tentar o homem, que pode, com sua liberdade, aceitar o bem ou o mal.

Deus expulsou do Paraíso o homem e a mulher, por causa de uma ação proibida. Teria Deus se arrependido de ter criado o homem com tantas fragilidades e inconstâncias?

Deus criou o homem livre, e isso é um dom, uma graça muito grande. Se nós não fôssemos livres, seríamos robôs e não teríamos a liberdade de optar por Deus, de dizer sim ou não. Não seríamos humanos. Acho que a perfeição de Deus criou também o homem nessa perfeição, capaz de desobedecer; é claro que, ao desobedecer, ao dizer "não, eu não aceito o plano de Deus", o homem se coloca fora do plano de Deus. O homem acaba fazendo a experiência de estar fora da graça do Senhor. E Deus, depois, promete que virá aquele que vai ser a ponte, que vai trazer o homem de volta, que vai redimir toda a humanidade: Cristo. É o verbo eterno, que se fez carne e deu a vida por todos nós. Refaz-se, então, essa ponte, que não é só um momento histórico na vida de Jesus, mas que se faz desde a criação até o final dos tempos. Assim, é nesse sentido que o homem é criado tão perfeito, capaz, inclusive, de ir contra seu criador, de dizer "não"; ao mesmo tempo, é a certeza de que o Senhor sempre vai chamar o homem à conversão.

Eminência, Deus falou com o homem no Antigo Testamento. E por que depois Ele se calou?

Continua falando ainda hoje.

Mas como?

Continua falando de muitas formas. O Novo Testamento interpreta como Deus fala, de como o homem escuta, de como as coisas acontecem. Essa experiência de ouvir Deus, que fala nos acontecimentos, na vida, no dia a dia, também nós podemos expressar hoje. Podemos expressar isso, por exemplo, por meio do Concílio Vaticano II, quando os padres conciliares chegaram a conclusões sobre vários aspectos da vida da Igreja: é Deus falando pelos bispos e padres conciliares sobre tantas coisas; vamos escutando a voz de Deus, nesse caminho da Igreja. Quando os Apóstolos, no Concílio de Jerusalém, dizem "achamos por bem o Espírito Santo e nós", a Igreja e aqueles que seguem ao Senhor escutam a voz de Deus de outras formas, de outras maneiras, seja na Palavra, seja no acontecimento, no dia a dia da vida. É Deus, que continua falando, e sua fala continua sendo atualizada.

Deus é amor! Como explicar isso, se para amar devemos ser pelo menos dois?

Deus é amor e é Trindade, por isso mesmo o amor do Pai pelo Filho, a união do Pai e do Filho é o Espírito Santo, que é amor. E, justamente nesse aspecto, podemos ver o que diz o papa Bento XVI, em *Deus Caritas est*, quando demonstra a beleza do amor de Deus, que vai levando o homem a viver esse amor, tanto o amor conjugal, como também o amor na vida da Trindade, como o amor na doação e na entrega. Portanto, a experiência de Deus faz com que o próprio casal possa se amar verdadeiramente, não o contrário. Uma pessoa que dá a vida por amor também experimenta esse amor de Deus e ama seu próximo.

Falamos das promessas de Deus na Aliança com o homem, de sua presença nos momentos de dificuldades do povo de Israel. E hoje, onde está esse Deus dos momentos difíceis,

com as guerras, a fome, as doenças, os atentados, a falta de respeito pelo ser humano, do homem moderno?

Deus está sofrendo com o povo. Está sofrendo junto com as pessoas. A cruz tem esse sentido de que Deus assume nossa vida e nossas cruzes. Assim, Ele não está calado, está junto com seu povo. É preciso lembrar que Ele salvou o povo do Egito, mas depois de muito tempo de escravidão; tirou o povo do exílio da Babilônia. O profeta vai dizer: "Vocês podem fazer suas casas aí, podem construir para uma família, que não estarão amanhã, porque vão sair daí". Mas havia a esperança de que o Senhor faria depois grandes sinais; Deus estava presente em seu povo, quando era escravo, quando estava na Babilônia, e depois no momento da libertação também. Ou ainda nas revoltas do povo pelo deserto, no inconformismo, muitas vezes. É a presença do Senhor que caminha conosco, seja pela nuvem durante o dia, seja pela luz ou coluna de fogo durante a noite; em todos os momentos de nossa vida Ele está presente, nas horas difíceis também, como no caso dos campos de concentração nazista, onde o ódio, a falta de dignidade eram tremendos. No entanto, quantos experimentaram também a presença de Deus junto com seu povo naquele momento.

Aproveitando essa sua reflexão, o papa Francisco, recentemente, disse que, para o sofrimento das crianças, ele não tem resposta. O senhor teria uma resposta?

Quem sou eu para dizer o contrário do papa Francisco! Mas acho que foi uma indagação feita a ele, em um diálogo, pelas crianças: "Por que as crianças sofrem?" Vemos que essa pergunta repercute em outros momentos também. Acredito que o mal, o sofrimento não são consequências do pecado pessoal de alguém. De todo o caos que se instala na humanidade com o pecado, como consequência do pecado, vemos as consequências nas pessoas inocentes, como crianças, até nas pessoas mais adultas, com suas dificuldades. Mas é um sinal justamente de que ali se pode caminhar para a fraternidade. Quantas pessoas dizem que o momento de doença uniu a família, e se viveu muito mais a fé. Dias atrás, uma senhora dizia exatamente isso para mim: o pai teve um problema de derrame, e, antes, ele nunca tinha buscado a Deus, encontrado o Senhor. Entretanto, aquele tempo em que esteve doente foi o momento em que se voltou para o Senhor, voltou-se para Deus e uniu de novo toda a família. Então, quando se passa por um momento como esse, percebe-se que Deus está presente e, ao mesmo tempo, faz-se a experiência dessa presença, sendo levado a um crescimento muito maior. Para uma criança, talvez não seja tanto, mas para a família... encontramos tantas situações em que os pais, tendo às vezes uma criança deficiente, com algum problema difícil, experimentam o amor ainda maior por aquela criança, por aquele filho, por aquela filha, o qual realmente muda a família. Escutei tantas vezes que uma família que teve uma criança com deficiência se transformou, a família se uniu muito. Assim, mais do que os porquês, já que a criança não tem culpa, a questão é "para que" é que acontece. Existe um livro de um rabino que faz essa mesma pergunta de outro jeito: "Por que as coisas ruins acontecem às pessoas boas?" Como se à pessoa, sendo boa e estando na igreja, não pudesse acontecer nada de ruim. Foi mais ou menos a pergunta e, ao mesmo tempo, os comentários que fizeram quando eu fui assaltado. Nas redes sociais, saíam notícias, depois vinham os comentários: "Imaginem, o que adiantou ser ele de Deus; ele foi assaltado como todos os outros". Como se, pelo fato de estar na Igreja, na caminhada, buscando o Senhor, eu não pudesse ser assaltado, fosse blindado para todas as coisas. Com essa compreensão de que quem está na Igreja nada pode sofrer – nem assalto, nem doença, nada – pode parecer que a pessoa está comprando, digamos assim, uma situação, uma comodidade, pelo fato de estar na Igreja. Pelo contrário, ela passa por tudo, e o próprio Jesus nos deu esse exemplo, passando por tudo.

Dom Orani, Deus castiga o homem pelos seus pecados? Há ainda esperança de ver o rosto de Deus para quem, como Adão e Eva, saíram de sua graça?

Vivemos o Ano da Misericórdia, e esse grande anúncio existe justamente para o assim bom ladrão. Ele foi crucificado, porque tinha feito algo de errado. Tinha seus erros, ele mesmo reconheceu isso e os confessou; no último minuto, ele disse para Jesus: "Lembra-te de mim quando estiveres no teu Reino". E Jesus disse com toda a clareza, já o "canonizou" na hora: "Hoje mesmo estarás comigo no paraíso". Ou seja, um momento de arrependimento, de confiança no Senhor o levou ao paraíso e foi "canonizado". Foi a primeira canonização pública da história.

E em vida...

Já quase no finalzinho, mas em vida. Por isso, acho que sempre há esperança de mudança, do amor de Deus, que supera e que encontra caminhos. Diz-se também da pessoa, por exemplo, que comete um ato muito ruim e acaba se matando. Sempre se pergunta: "Será que, entre a decisão e o momento em que morreu, não existiu um instante de arrependimento?" Só Deus é quem sabe o que aconteceu naquele momento. Acho que a nós cabe sempre semear esperança e confiança de que o Senhor realmente vem para trazer vida. Quanto à questão de Adão e Eva, os escritores, aqueles sermões que existem na Semana Santa que falam da morte de Jesus, falam também de Jesus vai até Adão e fala: "Eu vim para ser teu Salvador e para te salvar". Fala-se de Jesus, que vai até a mansão dos mortos para buscar os homens, desde Adão até o final dos tempos, e salvar a todos. Acho que basta um momento, por menor que seja. Muitas vezes, nem nós podemos perceber o arrependimento, a vontade de voltar para Deus. Tenho certeza de que a misericórdia de Deus é muito maior e que ele perdoa sempre.

O papa Francisco insiste muito no perdão e na misericórdia. Disse que Deus é perfeito, mas tem um defeito: não consegue não amar. E também que o perdão de Deus é maior que qualquer pecado nosso. Como interpretar isso?

Bem, é muito claro o que o Papa disse. Deus é amor e não tem como não amar; vive para amar as pessoas, os homens. E, ao mesmo tempo, sem dúvida, é aquilo que eu mencionei antes: basta que o coração do homem se abra, que o Senhor está sempre nos perdoando, reconstruindo-nos, como no texto do Evangelho, em que Jesus, após a ressurreição, sopra sobre a Igreja nascente e diz: "Recebei o Espírito Santo. A quem perdoardes, os pecados serão perdoados". Seria o Pentecostes de João. Eu vejo, além do aspecto do perdão e da reconciliação, também o aspecto do sopro de Deus, de que fala o livro do Gênesis: "E tornou o barro um ser vivente". É o sopro de Deus na boca de seu Filho, o Ressuscitado, que transforma o homem morto em um homem novo, em uma nova vida e que perdoa os pecados. Ele veio para isto: reconstruir o homem e o mundo por meio do perdão e da reconciliação. Nós não precisamos mais ter medo de nos aproximarmos e acolhermos essa misericórdia de Deus.

Deus foi representado pelos artistas, durante séculos, como um homem de cabelos longos e barba branca. Como imaginar Deus? Deus é um velho sentado em uma poltrona? Como podemos imaginá-lo? Quem é Deus?

A pergunta se repete: "Quem é Deus?" Nós temos apenas um rosto humano de Deus, que é o de Jesus Cristo. O rosto humano de Deus é Jesus, a quem podemos representar. Ele é a imagem do Deus invisível, como lembra a Escritura. A representação do Espírito Santo aparece na forma de pomba, na forma de línguas de fogo, na forma de vento, sopro, maneiras de representar o *Ruah*, o sopro de Deus. Agora, o Pai, este não; a não ser em João, no Apocalipse, que fala justamente da pessoa vestida de luz, de pedras preciosas. Tantas situações se misturam no Apocalipse, mas nós não temos uma representação do Pai. Nós sabemos que o Pai é aquele que gera o Filho, e o Pai e o Filho geram o Espírito Santo. Nós não temos uma maneira, um modo de pintá-lo. No passado, sim, houve uma pintura dele, sentado em uma cadeira, de barbas brancas etc., mas o rosto humano de Deus é Jesus Cristo. O Espírito Santo é representado como Deus-Amor em alguns símbolos, mas a Trindade de um Deus, que é aquele que gera toda a humanidade, cria a todos... Deus é realmente este: um só Deus em três pessoas. Nós, enquanto humanos, queremos uma representação, uma analogia, mas precisamos dar o passo de poder buscar aquele que nós conhecemos pela experiência: não o vemos, mas sim o experimentamos.

Mudemos agora a temática. Vamos falar um pouco do homem. O homem nasce para ser feliz, mas essa felicidade, muitas vezes, não chega, como ele a imaginou.
Por que nascemos? E de onde vem nossa vida, aquele sopro que nos trouxe a este mundo? Nós temos uma razão para existir?

A Escritura, a Revelação nos diz que nós nascemos, porque Deus nos ama. Deus é amor e quis que esse amor fosse difusivo, por isso Ele criou todas as coisas: o cosmos, o ser humano e fez com que o barro se tornasse um ser vivente. Viemos da terra, então podemos falar tanto de um Deus *ex-maquina*, que cria, como também de um Deus, que faz com que as próprias coisas se criem, depois da primeira explosão do Big Bang. Nessa questão, não é problema para a Igreja falar de como as coisas são criadas: assim, ou elas se criam, ou são criadas, por meio de toda a potência que existe na própria criação. Deus, porém, em toda a sua plenitude, cria o homem para poder amar e ser amado. Nós viemos de Deus e voltaremos para ele. E nós seremos tanto mais felizes quanto mais o encontrarmos aqui pela fé. Encontro sempre imperfeito, sempre será um querer mais, um buscar mais, porque perfeito só na eternidade, quando o virmos face a face. Por isso, Santo Agostinho lembra: "Inquieto estará nosso coração enquanto não repousar em ti". O coração do homem é um coração aberto ao infinito. Por mais que coloquemos outras coisas para saciar nosso coração, nossa busca vai ter sempre um vazio, enquanto não buscarmos a Deus. E, justamente, o homem é tanto mais feliz não à medida que não tem problema ou qualquer dificuldade, mas sim à medida que repousar no Senhor, que sua vida estiver com Cristo escondida em Deus, como diz São Paulo. É dessa forma que nós somos felizes e, mesmo nas doenças, nas dificuldades, nos problemas, experimentamos a presença de Deus, que nos plenifica.

Se nós não somos fruto do acaso, como, então, propor àqueles que não acreditam que um ser concebido tem o direito à vida, tem direito a nascer? A partir de quando realmente somos seres humanos? Quando começa tudo?

É fato que, sobre a questão da vida, alguns discutem quando ela começa. Para nós, é muito claro que a vida começa na concepção e vai até a morte natural; isso não apenas pela fé, mas pela ciência. Alguns cientistas querem propor que ela começa depois de alguns meses; alguns dizem que depois do nascimento. Mas a ciência diz muito claramente que, quando existe a concepção, na junção do óvulo com o espermatozoide, há todo o necessário à vida do novo ser humano. Já está tudo pronto ali. Depois vem o desenvolvimento, que vai acontecendo primeiro no ventre da mulher, no nascimento até o final da vida. Assim, o ser humano tem direito a viver, quaisquer que sejam as situações em que ele esteja. O direito à vida é sagrado. Nós não temos o direito de matar os outros, de tirar a vida dos outros. Se os animais têm direito à vida, afinal, hoje temos tanta preocupação de não acabar com as espécies de animais, com as espécies de árvores, de vegetais, sob o risco de penalidades altíssimas, muito mais o ser humano, que, além da vida, também tem a consciência do ser que nós chamamos de alma. O ser humano tem direito à vida desde a concepção até a morte natural; mesmo com possíveis defeitos ou dificuldades que possa haver na própria vida, na própria concepção também, esse direito à vida faz parte da dignidade humana. Quando nós perdemos a dignidade do ser humano que está por nascer, perdemos também a dignidade humana depois de nascido, de crescido. É o que acontece hoje. Hoje se matam com facilidade as pessoas, em guerras, em revoltas, em assaltos; como nós vamos tirando o valor da vida do nascituro, desde o feto, desde a concepção, é claro que depois vão se perdendo esses valores. De fato, o ser humano é único, é a coroa da criação, segundo nossa concepção.

O senhor falou justamente sobre esse direito primário do homem, que é a vida. Mas quando também se fala da dignidade do homem, do valor da dignidade, podemos ainda recuperar neste nosso mundo hedonista, egoísta, consumista, esse valor?

Existe a questão social, que tira, muitas vezes, a dignidade do homem: a miséria, falta de trabalho, vida sem dignidade, sem assistência médica, educação. Podemos ver toda a dignidade que é retirada devido aos valores que vão sendo perdidos. Em quantos lugares seres humanos não têm a liberdade de ir e vir. Há lugares onde não se pode pensar nem expressar o pensamento. Nós encontramos essas aberrações, sim, no ser humano, em sua dignidade. Os filósofos diziam: o homem tem medo do próprio homem e acaba querendo dominar o outro. E a beleza do cristão é saber escutar o outro, saber que o outro pode ser diferente e reconhecer a dignidade de vida do outro, respeitando-o. O outro existe, ele pensa. Nesse sentido, a visão cristã traz para a humanidade uma diversidade, que permite a pessoa poder viver com sua dignidade. Assim acaba-se com a ganância de querer só para si; ao contrário, quer repartir. Os cristãos têm um papel importante e preponderante: serem sal da terra e luz do mundo, nesta sociedade que perdeu seus valores importantíssimos na vida humana. A missão da Igreja é sempre recuperar e ser uma presença que possa transmitir isso para a sociedade.

O homem e a mulher são criados à imagem e semelhança de Deus, mas nossa sociedade, ainda hoje, trata a mulher com inferioridade, explorando-a quanto pode e cancelando, muitas vezes, seus sonhos e suas perspectivas. Nosso mundo ainda é machista ou está se tornando feminista? Como dar equilíbrio ao papel do homem e da mulher dentro de nossa sociedade?

Nós temos os pêndulos. Muito machismo acaba depois no feminismo, também exagerado e doentio, muitas vezes. O homem tem sua própria dignidade, sua própria beleza; a mulher tem sua própria dignidade, sua própria beleza e ambos são chamados a viver com a mesma dignidade, porém com papéis diferenciados. Creio que a Igreja e a Revelação nos mostram o ponto máximo da mulher em Maria. Maria concebe o Filho de Deus e torna-se não somente a Mãe de Jesus, mas a Mãe de Deus. É uma dignidade inaudita, incrível de se ver pela Revelação: Maria Mãe de Deus, a *Theotókos*. A Igreja, claro, ao longo da história, procurou entender e explicitar isso, mesmo que nem sempre tenha colocado em prática no dia a dia; também foi influenciando a sociedade, para que homem e mulher pudessem viver de tal maneira que tivessem sua própria responsabilidade, seu próprio sentido enquanto totalidade, com papéis diferenciados, mas com toda a dignidade de poder viver. Há um machismo preponderante que marcou muito a sociedade, sem dúvida, e que feriu o homem e a mulher, em algumas regiões do mundo. Isso acontece ainda hoje. Há também o feminismo que precisava diminuir o homem e acabou também com toda a questão da feminilidade; houve muito exagero. Mas também houve, por sua vez, o devido equilíbrio; eu creio que veio pela vida cristã, em que há a mesma dignidade, a mesma responsabilidade, com papéis e maneiras de ser diferentes. Lembro-me do assalto que eu sofri, por exemplo, quando me perguntaram o que eu vi, disse que pouca coisa: pessoas ali, armas etc. Quando perguntaram à mulher, ela viu a cor de roupa dos assaltantes, o tamanho das pessoas, como estavam vestidos. Então, cada um tem seus dons próprios.

Vemos, na atualidade, um debate cada vez mais acirrado sobre o valor do matrimônio e a proposta de que a união de pessoas do mesmo sexo seja considerada como matrimônio. A Igreja tem uma posição firme e clara sobre esse assunto. O matrimônio é entre um homem e uma mulher.
Como, então, responder àquela parte da sociedade que propõe e quer que haja a legalização da união entre as pessoas do mesmo sexo, comparada ao matrimônio?

Está muito claro que o matrimônio é entre um homem e uma mulher. A questão é que, quando existem ligações de pessoas do mesmo sexo, que estão juntas, existem já os direitos civis que contemplam essa realidade. Existe a possibilidade de ter herança, de poder usufruir daquilo que construíram juntos etc., sem necessidade de ser exatamente o matrimônio, exclusivo de um homem e uma mulher, que constroem uma família, gerando filhos: é dessa forma que está na natureza humana, na criação. A possibilidade de gerar filhos, de formar uma família, vem por meio da vida matrimonial; quanto àqueles que querem outro tipo de união, existe uma maneira jurídica de preservar os bens daqueles que constroem juntos, permitindo que, juridicamente, no falecimento de um, o outro pode continuar depois com os bens adquiridos em comum. Hoje existe essa possibilidade, sem necessidade de falar exatamente em matrimônio. Acho que a exigência de querer um matrimônio é quase mudar um pouco a sociedade; nós sabemos que o matrimônio vai continuar entre homem e mulher, respeitando os outros, e os direitos civis podem garantir aquilo que se reivindica em relação aos bens.

O homem contemporâneo está se sujeitando cada vez mais à modernidade, a qual traz consigo novos modelos de comportamento, modificando estruturas tradicionais, como a do matrimônio sacramental. A facilidade de casar-se e de se separar é muito grande hoje. O que está ocorrendo com o matrimônio? Seria um modelo fora de moda, fora de tempo, sem uso? São muitos aqueles que preferem conviver ao invés de se casarem. O que faz a Igreja para reverter esse quadro?

Essa pergunta é muito ocidental, mas, sem dúvida, é, conforme o senhor dizia, uma mentalidade hedonista: trata-se de valores etc. Mas o que leva uma pessoa a não valorizar mais o matrimônio não é só uma questão de valores, e sim de fé. É uma questão de crise de fé que se instala: uma pessoa não quer crer em Deus, não quer crer nos sacramentos e não acha isso importante. Isso, justamente, faz com que se possa detectar mais ainda a necessidade de evangelização, de trabalhar com os jovens, para que, vivendo a vida cristã, assumam também o pensamento cristão e assim possam estar abertos à vida e a caminhar juntos na vida matrimonial e familiar. Eu vejo isso acontecer com muitos jovens, que se preparam bem para o matrimônio, com o noivado, com o namoro. Vejo que muitos vêm pedir uma bênção para o namoro, para o noivado e querem celebrar o matrimônio, isto é, estão abertos à vida, aos filhos. Acho que nós somos chamados a ser esse pequeno resto de Israel hoje, na evangelização, a ser um sinal aos outros de que é possível viver permanentemente dessa forma, até os 25, 50, 60 anos de matrimônio, como temos muitos. O fato da mudança social não se deve a uma mudança daquilo que é doutrina. Pelo contrário, precisamos reforçar ainda mais aquilo que é a verdade do Evangelho e da Igreja, sendo um sinal para os outros.

O senhor falava justamente sobre os jovens. Hoje nossa sociedade contemporânea dá muitos modelos de nossos jovens, apresentados mediante os meios de comunicação, televisão, internet, e nós temos a tendência do fazer aparecer. Se eu não apareço, eu não sou, não existo. E depois, junto com toda essa nova situação, temos variáveis que atingem a juventude, como, por exemplo, a droga. Temos tantas famílias, tantos pais que sofrem por causa de seus filhos e netos estarem imersos nesse drama. Uma palavra aos jovens que vivem isso e também a esses pais que hoje perambulam, muitas vezes, nas estradas buscando seus filhos.

Começávamos a falar sobre a questão dos jovens e dos valores, sobre o fato de que eles costumam muito mais aparecer do que ser. Creio que houve uma tendência, há uns anos, de "acabar com o mito" dos santos, com os exemplos positivos. Assim, colocaram vários ídolos no lugar de exemplos positivos: ídolos do esporte, da música, da moda; foram sendo colocadas pessoas que se destacavam, pela voz, pelo de esporte, mas não pela vida e pelo modo de viver. Houve uma tendência de se esquecer dos exemplos de santidade, achando tudo exagerado. Muitos ídolos musicais morreram por causa de overdose, muitos ídolos de esporte foram decaindo, por causa das drogas e, às vezes, por situações econômicas etc. Então, os valores de alguns exemplos muito positivos e já comprovados, por uma questão de perseguição ideológica, foram deixados de lado e foram sendo colocados ídolos que acabaram caindo. Nesse caso, com relação à droga e à dependência da droga, sem dúvida que, quando há uma dependência muito forte, é necessário um tratamento, não há outro jeito. Tem de se convencer a pessoa, o jovem a buscar um tratamento; existem casas de recuperação para isso. Mas, hoje, o interesse econômico de vender droga, de ganhar dinheiro e de haver cada vez mais dependentes está cada vez maior. O interesse por detrás de tudo isso é econômico: vender para ganhar dinheiro em cima de pessoas que se tornam consumidoras. Esse é um lado. O outro lado é a pergunta: por que a pessoa chega a isso? São só suas frustações, suas dificuldades, que a levam a pensar que a bebida, no começo, ou a droga, mais tarde, vão resolver seus problemas? São dois lados que estão aí, e fortes, o lado econômico e o lado afetivo, que entraram de tal maneira na sociedade, que qualquer cidade, por menor que seja, tem essa presença. Existe, então, a proximidade daqueles que têm facilidade de entrar, de conversar, de ajudar as pessoas a sentirem vontade de sair de onde estão, e há pessoas que conseguem sair. Claro que sair é um trabalho muito mais difícil do que entrar. Sair é muito mais difícil. Para os pais é sempre difícil, mas há alguns que levaram os filhos para a droga. Depende um pouco, porque há uma geração de pais que são usuários de drogas e passaram isso para os filhos. Claro que não é a genética, mas encontramos muito isto nesses locais que visitamos: os próprios pais são consumidores. Então, é preciso ter os avós para ajudar os pais a se segurarem, e depois os netos também. Em geral, os pais ficam realmente machucados quando sabem que o filho anda por caminhos escuros. Muitos não percebem que o filho é usuário de droga. Os pais precisam demonstrar seu carinho para com o filho, mostrar que não deixaram de amá-lo. Também é preciso serem bastante firmes em querer ajudá-lo a sair disso. Só mesmo o coração materno ou paterno que consegue fazer isso. Os pais nunca podem perder a esperança, precisam continuar sempre lutando e caminhando para as soluções. É realmente uma praga que entrou na humanidade. De um lado, há o poder econômico que quer cada vez mais ter usuários para usufruir do dinheiro e, por outro, há alguém que acha que as frustrações vão ser amenizadas pela droga. Existem algumas regiões do Rio em que é proibido vender craque. E qual é a razão? É barato e você não ganha dinheiro.

Dom Orani, o homem de hoje tem muitos problemas, está se tornando objeto e não sujeito. Sua dignidade e seu valor estão em jogo. Há falta de ética na política, nas finanças, na economia, nos comportamentos profissionais. Tudo em benefício próprio, o outro é somente um meio para conseguir atingir a meta. Como propor ao homem de hoje e àquele que detém o poder de decisão o valor de uma verdadeira ética comportamental?

Como já disse antes, o mundo está doente de diversas formas: na questão da família, na questão dos valores. O papa Francisco, com suas intervenções, fala da simplicidade, da partilha, da preocupação com o pobre etc., chama a atenção da humanidade, para que o homem possa ver que não é o acúmulo dos bens que vai fazê-lo feliz. É necessário ter bens para sobreviver, para viver com dignidade, e não simplesmente para acumular, em detrimento dos outros. Nesse vale tudo, estamos vendo em todo o mundo uma reação que, como no Brasil, diz respeito à questão da ética na política, nas finanças etc. Existe a punição, a prisão, a divulgação, mas isso tudo ainda não muda essencialmente o ser humano, porque a prisão apenas tira de alguém a liberdade de fazer, mas não muda a concepção que a pessoa tem de usufruir, de achar que os meios justificam os fins, os fins justificam os meios. Assim, eu posso fazer o que quero. Acho que devo ter tudo e não importa o meio que utilize para isso. Então, podem existir as prisões, as tentativas de resolver as questões por parte da sociedade, mas isso tudo não muda essencialmente o coração da pessoa, que continua a mesma, pensando da mesma maneira, vendo que foi pega em algo que não deu certo para ela. E aí está o papel da evangelização: levar a pessoa a ter uma nova concepção de vida, a olhar para o outro. É preciso ver a dignidade do outro, que ele também precisa das coisas. É preciso aprender, desde criança, a não ultrapassar os limites, a não fazer nada de errado. Lembro-me da história de uma mãe, contada por um padre. Em uma cidadezinha do interior da Europa, em um domingo à tarde, não havia ninguém, nenhuma alma viva pelas ruas da cidade, e alguém atravessou o sinal vermelho. A mãe disse: "Está vendo? Ele fez errado, você não pode atravessar, não faça isso". Desde pequenininho você sabia: não havia nem formiga atravessando, mas não devia fazer aquilo.

Um problema que temos hoje, em nossa sociedade, é a relação entre o homem e nosso planeta. Papa Francisco dedicou a encíclica Laudato si a essa relação. A natureza grita, e o homem surdo continua por sua estrada. Como interpretar hoje essa relação Homem-Terra?

No passado, havia uma ideia de que tanto a água como também as coisas eram infinitas, podiam ser usadas à vontade. Começa-se, depois, com o tempo, a perceber que água potável não é tão abundante assim, que devemos saber utilizar com parcimônia. Falando um pouco mais na visão brasileira, antes se podia cortar tantas árvores, fazer plantações, usar as árvores para fazer madeira, não havia nenhum problema. Começaram a ver que o desmatamento tinha também consequências. Então o homem tem aprendido, com o desmatamento, com o mau uso da água, com a poluição do ar, da água, o quanto é importante preservar as riquezas da nossa Terra. Porém, eu acho que não aprendeu tudo ainda. Tivemos, há pouco tempo, uma crise de água, cujas represas baixaram o nível. Todo mundo reclamou que não havia água, não havia mais água abundante como sempre. Mas basta chover novamente, encherem-se as represas, para as pessoas voltarem a desperdiçar. Não criaram um novo tipo de comportamento. Na *Laudato si*, fala-se da responsabilidade de todos para com a casa comum. Fala-se também de empresas que têm responsabilidades diante da natureza. Temos as situações de guerras, mortes, etc., que vão degradando a sociedade: o homem não aprendeu ainda. Nós temos de deixar como herança para as futuras gerações um mundo melhor: o amanhã tem direito a ter água, ar puro, o verde, e essa consciência precisa ser trabalhada. O Papa fez esse documento *Laudato si*, que precisa ser ainda mais divulgado. Nós temos vários momentos de encontros internacionais em relação à ecologia; chega-se a algumas conclusões, fazem-se metas para daqui a 10-20 anos. Passados os 10 anos, vê-se que não se chegou às metas. Nós temos uma grande preocupação, porque não é só uma coisa que vai degradar a sociedade, mas também degradar o planeta, provocar o degelo e o aquecimento global. Nesse momento, começam-se a fazer planos mirabolantes: uma colônia em Marte, plantar lá para poder ter ar, ter oxigênio, ter verde e tudo o mais. Em vez de fazer planos mirabolantes, de fazer uma colônia em Marte, acho que é mais fácil resolver o problema da Terra e cuidar bem de nosso planeta.

Vamos falar um pouco da fé. Como entender fé e religião e que relação tem uma com a outra?

A religião é uma busca que existe em toda a humanidade. O homem busca o transcendente e vai formulando sua própria religião. Nós vemos as diversas religiões, e até mesmo algumas religiões naturais. Elas vão existindo e vão levando a pessoa a ter certo tipo de culto. A fé é um dom de Deus e leva a acreditar em uma Revelação. É um Deus, que se revela a nós; não é tanto o homem que vai formulando sua religião, sua conclusão, mas é uma Revelação que se faz e que se aceita e se acolhe. Em nosso caso, um Deus uno, trino, que cria todas as coisas, que envia seu Filho Jesus Cristo, nascido por obra do Espírito Santo. "Eu sou aquele que sou, eu sou aquele que está aí", um Deus, que se revela a nós. E nós somos chamados simplesmente a acolher esse dom, essa fé, que vai além de nossa compreensão. A religião eu consigo até explicar com facilidade, porque quando eu creio, está dentro de meu tamanho. A fé de crer em uma revelação é maior do que aquilo que eu possa compreender. Por isso, nós somos chamados a ver que existe uma religiosidade natural em todo o mundo, que é até positiva, até interessante. Nós a encontramos desde o tempo das cavernas, mas existe uma revelação que Deus faz, recebida pela fé. É muito mais amplo, quando é revelado o rosto de Deus.

Se não existe religião, também não há Deus?

Deus está presente em todas as coisas. Ele existe, crendo nele ou não. Eu posso não crer, mas Ele está aí, está presente; posso não ter religião, posso ser ateu, posso não crer em nada, mas Deus continua existindo. As pessoas, muitas vezes, criam certas concepções e se colocam no lugar de Deus. Temos muitas pessoas ateias que têm bons princípios, que fazem o bem, que procuram o bem do outro. Ora, a própria natureza humana, essa maneira de pensar no bem do outro são uma maneira de revelação de Deus no coração: mesmo que não acreditem em um Deus transcendente, têm tais comportamentos, como se fossem para elas uma revelação.

A fé é um dom. E, se eu não o tiver esse, estou condenado? O que fazer, então, para remediar?

Pedir o dom da fé. A fé é, justamente, um dom, e se eu não o tenho, sou chamado a pedi-lo; "pedi e recebereis", lembra o Evangelho. Pedir ao Senhor esse dom da fé. Na vida, uma pessoa passa por vários altos e baixos. Ela passa de uma fé um pouco infantil, mais simples, para uma fé mais adulta. Há momentos em que a fé está mais clara, mais fervorosa e momentos em que a fé parece que está longínqua, parece que some. Fazem parte da vida essas nuanças. Para que a pessoa saiba que as nuanças existem, às vezes, Deus nos concede alguns dons, que nos dão a alegria de viver. Outras vezes, nós estamos na noite escura; são os momentos de pedir: "Senhor, eu creio, mas aumenta minha fé!" Ou, se não tenho: "Que eu possa crer!" Agora, se a pessoa não crê nem que possa rezar, vai viver de acordo com sua consciência, uma consciência mais ou menos formada; de acordo com essa consciência, homens e mulheres de fé, perto dessa pessoa, devem ajudá-la a perceber que vale a pena pedir o dom da fé.

As pessoas ligam, muitas vezes, a fé ao padre, ao bispo. Quando o comportamento do padre, do bispo não está de acordo com seu ministério, a fé dessas pessoas, muitas vezes, balança. Muitos chegam a mudar de religião ou de confissão religiosa. O que dizer a essas pessoas sobre o real valor da fé e do testemunho que os servidores do Evangelho, os ministros ordenados devem dar?

Não só o padre e o bispo, mas também alguns leigos de liderança etc. Às vezes, uma liderança leiga, que tem um trabalho importante na paróquia, acaba deslizando por outros caminhos, e as pessoas acabam desanimando: "Eu não vou mais à igreja, não creio mais" etc. Eu creio que a fé em Cristo Jesus, aceitando a Revelação, independe se aquele líder seja leigo ou não, ou clérigo, dê bom ou mau exemplo. Eu continuo caminhando, mesmo sabendo que aquela pessoa está dando mau exemplo, na certeza de que eu não vou fazer e agir dessa forma. A fé madura me faz passar por essas questões, quando eu vejo os maus exemplos. Pessoas incoerentes não faltam, em todos os âmbitos, em todos os cantos, que não me dão bom exemplo. Claro que as pessoas que são lideranças, leigos, clérigos, deviam dar bom exemplo sempre, mas vemos que, muitas vezes, não o fazem; caem e erram também. Entretanto o homem, a mulher, de fé adulta, saberão passar por isso, sem deixar de continuar crendo e caminhando como Igreja. Saberão também que a fé depende de seu encontro com o Senhor e que devem evitar os maus exemplos e imitar os bons.

Muitos membros da Igreja deram mau testemunho diante da comunidade, provocando grande dor naqueles que seguem o catolicismo. Estamos falando dos abusos sexuais cometidos por clérigos que, indiferentes a sua missão, causaram danos quase irreparáveis e sofrimentos indescritíveis. Como o senhor vê hoje a atuação da Igreja diante desses episódios? O que deve fazer um fiel diante de uma situação como essa? E o bispo, o que deve fazer?

É uma dor muito grande que foi aos poucos vindo à tona; é uma incoerência muito grande pessoas consagradas cometerem tal tipo de crime, embora se saiba que não está restrito ao âmbito da Igreja, pois vemos muito isso na sociedade; com relação à Igreja, isso é abominável. Em boa hora, o papa Bento XVI fez uma legislação própria, remetendo à Santa Sé os casos, para que ali pudessem ser julgados e realmente punidos os que cometeram tais abusos. É uma legislação bastante dura. O papa Francisco não só confirmou essa legislação, como também criou todo um trabalho para as famílias e para as crianças que sofreram tal tipo de abuso. Acho que o bispo, ao receber uma denúncia, deve apurar, porque, evidentemente, hoje, é muito fácil fazer denúncias. Tem de ser apurado, e hoje temos toda uma orientação de como, se já houver indícios, suspender a pessoa consagrada e depois enviar para a Santa Sé, para o devido julgamento sobre o caso. Se, no caso, não estão envolvidos menores, há outro tribunal eclesiástico na própria diocese. Quando alguém sabe de algo e tem fundamento, deve denunciar à Igreja e também às autoridades, para que a pessoa seja punida e não continue solta para continuar a fazer o que está fazendo.

As vocações estão diminuindo no seio da Igreja. Logo, o berço histórico das vocações está em crise, recebendo hoje missionários de lugares que outrora foram metas de missionários europeus. O que está acontecendo com o chamado de dedicar a vida ao Senhor e a sua Igreja? Os jovens não se encantam mais pelo ministério sacerdotal, e as jovens não veem mais o serviço religioso como uma vocação de vida? Qual o futuro para a Igreja que hoje nós conhecemos e vivemos?

As vocações crescem na África, na Ásia, estão mais ou menos estáveis nas Américas e diminuem na Europa. Há uma diferença de situações pelo mundo afora. É claro que as vocações diminuem na Europa e são quase que estáveis na América, não só por uma questão de falta de entusiasmo, mas também por falta de nascimentos. No passado, existiam sete, oito filhos em uma família. Hoje, justamente, criou-se uma mentalidade na Europa, na América, como também no Brasil, de ter um filho, dois no máximo; não se pode ter mais filhos, porque dá muito trabalho e muita despesa. Meu pai, com seu trabalho, criou oito, nove filhos. Hoje, impossível pensar que um pai de família crie oito, nove filhos, com todas as exigências que agora existem. Assim, há uma concepção econômica, social e familiar, que vai levando a diminuir os filhos; é a realidade do filho único. Como o casal tem apenas um único filho, sabemos que a população vai diminuir pela metade, quando esse filho crescer, quando for mais adulto. Os pais acabarão morrendo e ficará somente um filho. Portanto, há uma diminuição da população autóctone. Na Europa se aumenta a população, é mais pelos imigrantes que vêm do Oriente, do que pelo nascimento; aumenta com imigrantes que têm outras religiões, que não são cristãos. Assim, há vários aspectos da mesma realidade. Aqui no Rio de Janeiro, do qual estou mais próximo, mesmo as famílias que têm poucos filhos, são participantes na Igreja, caminham na Igreja, crescem na vida de família; vejo muitos seminaristas que vêm de famílias com filho único ou então com dois e que são firmes na vocação. Ora, claro que a diminuição depende do número de nascimentos, mas também da firmeza de continuar chamando as pessoas para seguirem o Senhor e poderem caminhar. Existe também esse outro lado que você colocou, que, no caso da dessacralização que existe, pode acontecer que as pessoas não sejam mais atraídas para assumir sua vocação pelo chamado, porque é um chamado do Senhor. Nesse caso, quando se participa e se tem um clima favorável como Igreja, onde se tem um clima do sagrado, vão existir vocações. Hoje, na ordenação, no final da ordenação presbiteral, eu chamei para o centro da catedral todos os jovens que estão nos grupos vocacionais dos vicariatos da Arquidiocese. Encheu-se todo o centro da catedral de jovens adolescentes que estão caminhando para um discernimento vocacional, para mais tarde formarem um grupo vocacional da Arquidiocese e depois irem discernindo se vão entrar para o seminário.

Um esclarecimento. Nós observamos que aumenta muito o número de seminaristas que são ordenados e que vêm de famílias fragmentadas, de pai ou mãe de segunda ou terceira união. Como o senhor analisa isso, sendo o primeiro responsável pelo seminário?

Existem muitos seminaristas que vêm de famílias pequenas e de famílias fragmentadas, sim, em que os pais já se separaram, estão casados com outros, em outro matrimônio, no caso, em outra união. No entanto, vejo que em cima das pedras nascem flores. Quando existe certa presença de Igreja, ou pelo pai, ou pela mãe ou pela própria comunidade, Deus chama, não importa qual seja a situação. Há aquela ideia de que a vocação vem apenas de uma família bem constituída, de certa forma é isso, mas vemos também que das famílias fragmentadas surgem vocações. O Senhor chama em qualquer situação, para dizer que existem vocações.

Vivemos na América Latina, na missão continental, com o convite a sermos missionários e discípulos de Cristo. Nosso continente possui a metade dos católicos do mundo. É preciso ainda uma nova evangelização no continente que se diz cristão-católico?

Diz o documento de Aparecida que a missão continental deve ser permanente. Isso exige muito, porque, em nossa

América Latina – é difícil falar da América Latina, porque são várias Américas, de várias tradições –, temos um grande contingente de piedade popular, que participa, tem interesse, mas nem sempre tem embasamento teológico-catequético; assim qualquer vento um pouco mais forte acaba atingindo muitas pessoas. Acho que, nesses novos tempos, é necessário que a Igreja trabalhe muito mais, tanto no primeiro anúncio, como também na catequese, formando as pessoas, entusiasmando-as. Eu vejo que, de certa forma, tanto as pastorais como alguns movimentos trabalham nisso. Temos um trabalho muito grande, porque atingimos um certo percentual, mas não de maneira plena a maioria dos católicos batizados. Por isso, temos de ser uma Igreja em saída, como lembra o papa Francisco, ir onde estão as pessoas, conversar, estar próximos e ajudá-las no primeiro anúncio, para que, depois, participando de uma iniciação cristã, possam recuperar o Batismo que já fizeram, o sacramento que já receberam, ou, se ainda não receberam, possam receber também. Vejo que, muitas vezes, nas paróquias eu encontro crismandos já adultos, que foram recentemente batizados, receberam a primeira Eucaristia. Há certa recuperação, lenta, porém existe. Portanto a América Latina necessita, e muito mais, de uma contínua evangelização.

Existe um crescimento na América Latina e, é evidente, no Brasil também, do fenômeno das seitas: temos muitos católicos que pulam de galho em galho, ou que vão de uma confissão para outra, de uma igreja para outra. O que realmente está acontecendo?

Primeiro, claro, o fenômeno das seitas tem todo um histórico que vem da década de cinquenta, do planejamento para a América Latina, da questão de poder, da questão econômica. Tudo já vem acontecendo há muito tempo. Aos poucos, as seitas foram entrando onde os católicos não tinham uma presença muito efetiva e, depois, onde os católicos nem sempre formaram bem seu povo. Diante das situações de pobreza, de necessidades, de doença, eles trazem os "milagres", a questão da cura fácil etc. Assim, tudo isso foi entrando, e hoje nós temos um grande percentual de membros de seitas. Muitas dessas igrejas, neopentecostais principalmente, hoje já estão um pouco mais estabilizadas. As igrejas protestantes históricas são bastante pequenas no Brasil; em geral, são muito mais numerosas as neopentecostais, devido a todo esse fator histórico. E, é claro, a Igreja católica é a doadora universal dos fiéis. Nesse aspecto, cabe a nós ocuparmos mais os espaços, educarmos mais os cristãos católicos, para tomarem consciência de sua fé cristã e viverem-na de modo a fazer com que a cultura volte a ser católica também em nosso país. Vejo muito mais o Brasil nesse caso. Por outro lado, no fenômeno das seitas, acontece que a pessoa, com muita facilidade, cansa-se daquela em que entrou e passa para outra, até ficar sem nenhuma. É um cristão que acaba não tendo nenhuma denominação. Ele é vacinado para não ser católico, porém não fica satisfeito com nenhuma das seitas e acaba sendo um cristão sem denominação. Isso é muito frequente. No Rio de Janeiro, esse número tem aumentado muito ultimamente, devido ao número de seitas que existem e também à competição. Têm crescido muito aqueles que acabaram não deixando de ser católicos, mas também não ficaram em nenhuma outra denominação, acabaram por se tornar cristãos sem nenhuma denominação. É o trabalho de evangelização, de propor e repropor o Evangelho sempre que cabe a nós fazermos.

O rosto da misericórdia de Deus propõe que o bispo, como primeiro missionário de sua Igreja particular, seja aquele que acolhe. Qual é o segredo de Orani João Tempesta de acolher a todos, para que todos sejam um?

Quando escolhi o lema e a lembrancinha de minha ordenação presbiteral, "para que todos sejam um", eu nunca imaginei todas as consequências disso. Não imaginava até onde ia me conduzir a escolha de um lema presbiteral. Só mudou quando eu fui eleito abade. No pouco tempo em que eu fiquei abade, escolhi outro lema: "É mais útil servir que presidir" (da Regra de São Bento que os monges seguem). Esse foi o sentido do texto da Regra de São Bento que eu usei. Por alguns meses eu acabei tendo esse outro lema de abade, "é melhor servir". Mas, em minha ordenação presbiteral, escolhi este lema, "que todos sejam um"; depois, quando eleito bispo, voltei a esse lema novamente e fui levando até hoje. E isso vem de uma experiência na época. Existiam muitos movimentos, na época jovem, dos quais eu participava como monge, outros como religioso, e aquilo foi marcando um pouco minha cabeça, meu coração. Realmente, não sei quais as circunstâncias exatas que me levaram a escolher, mas sei que ficou no coração. E, depois, vi que isso tinha muito a ver com aquilo que eu penso, que eu sinto, que eu vivi nesses anos todos. Eu vi, às vezes, muitas igrejas divididas em movimentos, em grupos e muitos rancores de cá e de lá, achando que não se podia conviver juntos etc... Fui elaborando essa ideia, vendo com muita clareza que há uma diversidade de trabalhos, de pastorais, de movimentos, mas uma unidade de fé, de Batismo. Eu me senti muito machucado ao ver críticas, às vezes, até à teologia, nas reuniões e assembleias de padres e de bispos; grupos criticando outros grupos, sendo que todos procuravam fazer a mesma coisa: o bem. E eu, como conhecia uns e outros, sabia que ambos os lados queriam fazer as coisas bem, só que pareciam antagônicos. Acho que entrou certa ideologia dentro das pastorais, e surgiam críticas ferozes. E, realmente, vi que isso não estava construindo nada, pois a construção se faz quando nós sabemos respeitar e escutar o outro e trabalhar juntos, unidos, para que todos sejam um e para que o mundo creia. Isso foi sendo reelaborado, trabalhado e se tornou para mim não apenas um lema do presbiterado, ou do episcopado, mas um jeito de viver. É aquilo que eu faço na diocese, no serviço que faço. É algo, é uma convicção que está comigo, que eu vejo essa necessidade de saber, de ver o que há de positivo em cada pessoa. João XXIII lembrava isso com relação aos irmãos separados, na época: "Vamos ver o que eles têm de positivo e tudo o mais", não só o que têm de negativo. Vemos que a caminhada da Igreja, nos últimos anos, tem tido essa preocupação de ver que é possível caminhar juntos na diversidade, tanto dentro da Igreja, quanto no relacionamento fora. Depois, se a sociedade dividida, multifacetada de hoje não tiver esse exemplo da Igreja, de que é possível viver com os diferentes, não conseguirá conviver nem ter paz. "Para que todos sejam um", embora seja uma questão bíblica, muitas vezes, eclesial, é também social, em um mundo dividido e multifacetado. Se nós ficarmos brigando uns com os outros, o mundo nunca vai para frente... As brigas ideológicas e partidárias separam cada vez mais e empobrecem países e regiões. Não sabemos viver e convergir naquilo que cada um tem. Portanto, é uma convicção que, aos poucos, foi se formando e tornando possível esse trabalho; vejo que, realmente, isso tem me ajudado muito na missão como bispo, como arcebispo.

Então, se todos forem um, força e coragem. Para concluir: o lugar de Maria em sua vida.

Maria esteve em minha vida desde minha infância. Eu me referi ao papel que meu pai exerceu na devoção mariana a Nossa Senhora Aparecida, mas eu me lembro, ainda antes disso, de meu tempo de catequese para a primeira comunhão, com uns sete anos de idade, na paróquia, na igreja. Hoje aquela igreja, a imponente matriz São José, está mudada, não é mais daquela forma, foi totalmente reformada. Em minha época havia uma imagem muito bonita de Nossa Senhora de Fátima. Eu me lembro de que, sempre após a catequese, eu ia até essa imagem de Nossa Senhora de Fátima e rezava um bom tempo ali. Então, vem desde essa época uma devoção muito grande. Lembro-me inclusive de uma peregrinação que nós fizemos a Aparecida. Eu já era jovem, já estava pensando na entrada para a vida religiosa ou sacerdotal. Lembro-me de que nós podíamos colocar um pedido a Nossa Senhora e meu pedido foi que eu fosse padre. Portanto, já trago isso desde a infância, desde a juventude, essa presença mariana, seja de Nossa Senhora Aparecida, seja de Nossa Senhora de Fátima. A visita a Aparecida me marcou muito. Depois, entrei para a Ordem Cisterciense, cujos mosteiros são dedicados a Nossa Senhora: Nossa Senhora de São Bernardo, Nossa Senhora de Santa Cruz. A Ordem tem também um grande pensador, que ajudou em seu crescimento: São Bernardo de Claraval. Entre tantas outras coisas que ele fez, foi um dos melhores cantores de Maria. Seus sermões sobre Maria eram belíssimos, ele falava com o coração. Depois disso, tive a oportunidade de estar em Belém do Pará, com Nossa Senhora de Nazaré. Ali existe uma grande presença mariana. Maria tem sido uma presença muito grande em minha vida. Ela me fez aprender a dizer "sim", como também um dia ela disse, sabendo que o Espírito Santo faria depois sua obra, sua missão.

Padre Orani, em uma frase, como gostaria de ser recordado?

Como alguém que procurou agradar a Deus e servir os irmãos com alegria.

Obrigado!

MISTO
Papel produzido a partir de fontes responsáveis
FSC® C132240

A marca FSC® é a garantia de que a madeira utilizada na fabricação do papel deste livro provém de florestas que foram gerenciadas de maneira ambientalmente correta, socialmente justa e economicamente viável.

Este livro foi composto com as famílias tipográficas Segoe, SimonciniGaramond e Times New Roman e impresso em papel Pólen soft 80g/m² pela **Gráfica Santuário.**